어린이
호스피스의
기적

어린이 호스피스의 기적

짧지만 짧지 않은
생들이 이어지는 곳

이시이 고타 지음 | 정민욱 옮김

궁리
KungRee

© Tsurumi Chirdren's hospice

추천의 글

.

우리나라에 호스피스의 개념은 1990년대 후반 알려지기 시작하여 2000년대 중반부터 국가적인 지원이 시작되었다. 호스피스를 운영하는 데에는 그 나라의 문화와 환경이 중요한 역할을 한다. 어린이 호스피스 역시 나라에서 어린이를 대하는 태도, 죽음을 대하는 문화, 사회의 여유에 따라서 매우 다른 실정을 보인다.

70세를 산 성인에게 1년은 70분의 1이지만, 5세에 삶을 마감하는 아이에게 1년은 인생의 5분의 1을 차지하는 시간이다. 그 1년 동안이라도 좋은 추억을 만들어준다면, 아이와 부모에게 매우 중요한 시간이 될 것이다.

인간은 태어나면 언젠가는 죽는다. 그 생이 길건 짧건, 가치 있는 시간이 된다면 인간으로 태어난 의미가 충분히 있다고 생각한다. 어린이 호스피스는 이러한 삶을 만들어가는 곳이다.

이 책에 나오는 사람들의 따뜻한 마음이 서로 통하여 쓰루미 어린이 호스피스라는 좋은 열매를 맺을 수 있었다. 이 활동과 경험이 다른 사회에도 널리 퍼질 수 있는 계기가 되기를 바란다.

– 신희영(대한적십자사 회장·서울대학교병원 소아청소년과 명예교수)

의료기술이 발전하면서 과거에는 생존이 어려웠던 미숙아의 사망률이 극적으로 개선되었다. 또 유전자 분석 기술의 발전으로 많은 희귀난치성 질환의 치료법도 개발되었다. 생존율이 높아지면서 질병이 완치되어 정상적인 생활을 하는 환자가 증가했지만, 이는 중증 장애나 질환과 함께 살아가는 환자도 동시에 증가했다는 것을 의미한다.

이 책은 일본에서 최초의 민간 어린이 호스피스가 탄생하기까지의 이야기를 담고 있다. 호스피스 하면 죽음을 기다리는 시설 같지만, 어린이 호스피스는 환자와 그 가족이 다른 사람보다 짧게 허락된 시간을 어떻게 유의미하게 보내는가가 중요한 장소다. 치료가 아닌, 사람다운 평범한 생활을 하는 공간이다. 환자와 가족, 의료인이 하나가 되어 짧지만 무엇과도 바꿀 수 없는 가치를 만드는 시간이기도 하다.

아울러 국내에서도 이러한 움직임이 곧 결실을 맺는다. 2022년이면 서울대학교 어린이병원이 넥슨재단과 함께 만든 국내 최초의 소아완화의료 센터가 개관된다. 이제 우리나라에서도 중증 어린이 환자와 365일 24시간 이들을 돌보는 그 가족을 깊이 이해하고, 실질적 지원을 늘릴 수 있는 마중물이 되기를 바란다.

— 김한석(서울대학교 어린이병원장·서울대학교 의과대학 소아과학교실 교수)

들어가며

·

어느 개관식 풍경

2016년 4월 1일 정오가 지날 무렵, 공원에는 봄비가 부슬부슬 내리고 있었다. 만개한 벚꽃은 비를 머금어 반짝거렸다.

이 공원 한편에 새로 지은 2층 건물이 푸른 잔디를 에워싸는 형태로 들어서 있었다. 실내에는 새 목조건물 특유의 나무 향기가 맴돌았고, 큰 유리창을 통해 햇살이 들어오고 있었다.

이날은 쓰루미 어린이 호스피스(Tsurumi Children's Hospice, TCH)의 개관식이 열리는 날이었다. 이곳은 일본 최초의 민간 어린이 호스피스로, 시설 전체가 흡사 어린이 놀이터처럼 꾸며져 있었다. 놀이도구와 악기도 가득했다.

1층의 가장 큰 방에 '유니클로'를 산하에 둔 패스트 리테일링(Fast Retailing)의 회장 야나이 다다시(柳井 正)가 감색 재킷을 입고 서 있었다. 패스트 리테일링은 사회 공헌 사업의 일환으로 이 호스피스의 건설 비용 일부를 지원했다.

개관식은 야나이 회장을 비롯한 관계자들의 테이프 커팅으로 시작됐다. 식장에는 호스피스에서 근무하는 간호사와 보육교사뿐 아니라 이용자의 보호자, 교육계 관계자, 기자 들이 모여 이곳이 떠나갈 듯이 박수를 보냈다.

테이프 커팅이 끝나자 기자들이 야나이 회장의 주변으로 모여들어 마이크를 들이대고 질문 세례를 퍼부었다. 요란한 셔터 소리와 잔뜩 터지는 플래시 속에서 야나이 회장은 담담하게 일본에 민간 어린이 호스피스를 설립하게 된 의의를 설명했다.

"설립하는 건 쉽습니다. 그것을 운영하는 일이 굉장히 어렵지요. 모쪼록 세상에 자랑할 수 있는 호스피스로 성장할 수 있기를 바랍니다."

야나이 회장은 차분한 어조로 답하며 옆에 있는 교복 차림의 여자아이에게 동의를 구하는 듯한 미소를 보냈다.

환자 대표로 참석한 이 아이는 중학교 2학년생 기타히가시 사키(北東 紗輝)였다. 3살 때 뇌종양이 발병한 이후 5살 때 재발했고, 9살 때는 급성 골수성 백혈병(acute myeloid leukemia)에 걸려 철이 들기도 전에 갖은 수술과 항암제 및 방사선 치료를 반복해왔다. 그 후유증으로 좌반신에 마비가 왔고, 암이 언제 재발할지 모르는 상태였다.

사키는 야나이 회장이 호스피스의 출자자임은 알고 있었지만, 아이들과 어떤 관계가 있는지는 알지 못했다. 그보다 사키의 마음속에 떠오른 것은 호스피스가 완성되는 걸 미처 보지 못하고 세상을 떠난 어린이병동 친구들이었다.

그중에는 사키의 첫사랑 남학생도 있었다. 오사카시의 명문 고등학교 3학년에 재학 중이던 그는 의대 진학을 목표로 하고 있었다. 그러나 치료와 학업을 병행하는 투병 생활이 얼마나 고통스러운지 절감했고, 당시 오사카시 시장에게 메일을 보내 난치병에 걸린 고등학생에게 강사를 파견하는 제도를 만들어달라고 요청했다. 그의 요청은 성사됐지만, 그로부터 채 1년이 지나기도 전에 세상을 떠나고 말았다.

또 한 여자아이는 괴로운 투병 생활에도 웃음을 잃지 않았다. 놀이방에서 놀이를 배우고, 함께 휴대폰으로 음악을 들으며 춤추고 노래했다. 사키는 그 아이와 함께 까불고 떠들었던 것이 큰 위안으로 남았다.

3살부터 병마와 싸워온 사키에게 이들은 생사를 함께한 전우와 같은 존재였다. 그중에는 종양으로 얼굴이 퉁퉁 부은 채 죽어간 아이도 있었고, 완화의료 병실로 옮겨진 후 며칠 만에 세상을 떠난 아이도 있었다. 지금도 누운 채로 지내는 아이도 있다. 사키의 친구들이 마지막까지 품고 있었던 희망은 지극히 평범한 아이로서의 시간을 살고 싶다는 것이었다.

개관식 후 두 달이 지난 6월, 나는 사키를 다시 만나기 위해 아직 새 건물의 향기가 감도는 호스피스의 한 방에서 기다렸다. 창문 밖으로 여름을 실감케 하는 햇살이 내리쬐고, 풀밭에는 나비들이 날아다니고 있었다. 그때 사키가 왼쪽 발을 힘겹게 끌면서 다가왔다. 잠시 후 사키는 개관식 때의 일을 이야기했다.

"병원에 입원해 있었을 때는 미래는커녕 그날그날밖에 생각할 수가 없었습니다. 퇴원한 후에도 학교에는 친구 하나 없었고, 노는 것도 학업을 따라가는 것도 여의치 않았어요. 면역력이 낮아서 외출할 수도 없었습니다. 저뿐 아니라 병동에서 만난 친구들 모두 그랬습니다.

다른 아이들은 아직 투병 중이거나 죽어가고 있는데 어째서 저만 나아서 이런 기념식에 참석할 수 있게 된 건지, 운이 좋았을 뿐이에요. 그렇기 때문에 더더욱 이곳을 세상에 알리고 싶습니다. 제가 할 수 있는 것이 있다면 뭐든지 돕고 싶어요."

운이 좋았다니. 아이는 난치병을 극복하고 다시 사회에 돌아갈 수 있을지 없을지는 온전히 '운'에 달려 있다고 말했다. 고작 중학교 2학년인 이 아이가 이렇게 단언하는 이유는 가혹한 현실을 몇 번이나 마주했기 때문일 것이다.

건강한 아이라면 매일 학교에 가서 친구들을 만나고 운동장에서 신나게 뛰어놀 것이다. 그리고 새 학년이 시작되면 반 배정에 일희일비하며 지낼 것이다. 가족들과 미래에 대해서도 이야기할 것이다.

그러나 난치병 아이들은 다르다. 몇 년이고 좁은 병실 침대에 누워 몸에 칼을 대고 독한 항암제를 몸속으로 흘려보낸다. 약의 부작용으로 고통스러워도 혼자 견뎌낼 수밖에 없다. 미래는 고사하고 당장 내일 자신이 살아 있을지조차 알 수 없다.

어린이 호스피스의 기적

일본에는 소아암을 비롯한 난치병에 걸린 어린이가 15만 명에 달하고, 그중 2만 명은 생명을 위협받고 있다. 이러한 아이들은 하루, 아니 반나절만이라도 사회로 돌아가 평범한 유치원생이나 초등학생으로 살고 싶어 한다.

쓰루미 어린이 호스피스는 이런 아이들의 바람을 이루어주기 위해 만든 시설이다. 그러나 호스피스라는 이름이 붙었지만 성인 호스피스처럼 죽어가는 환자의 마지막을 돌보는 곳이 아니다. 난치병 아이들이 짧은 시간이나마 병원에서 벗어나 가족과 친구와 함께 시간을 보내며 평생 잊을 수 없는 추억을 만들기 위한 집이다.

또 이 시설에 오면 많은 장난감을 독차지하는 것도, 정원에서 물놀이를 하는 것도 가능하다. 값비싼 드럼 세트를 마음껏 연주해볼 수도 있고, 큰 텐트를 설치해서 캠핑을 할 수도 있다. 또 이곳에는 소아과 간호사 출신이나 어린이집에서 난치병 어린이의 보육을 담당했던 직원도 있어 병세가 급변해도 즉시 대응할 수 있다.

영국을 비롯한 유럽과 미국에는 이러한 민간 호스피스가 여러 곳 있지만, 일본은 2016년까지 존재하지 않았다. 지금까지 난치병 아이들은 사회로부터 격리되어 병원이나 집에 틀어박혀 지내는 삶을 강요받았다.

일본의 어린이 호스피스 설립이 늦은 배경에는 소아의료를 둘러싼 여러 가지 문제가 가로놓여 있었다. 많은 의료 관계자가 이런 시설의 필요성은 인지하고 있었지만, 병원의 윤리와 관습을 바꾸지 못했다. 그 때문에 가장 약자인 어린이들이 피해를 보았다. 한 의사는 그 시기를 '소아의료의 암흑시대'라고 지칭하기도 했다.

그러나 이러한 현실을 바꾸기 위해 목소리를 높인 사람들이 있다. 이 책에 나오는 일본 소아의료 현장의 최전선에서 싸워온 의사, 간호사, 보육교사, 보호자 들이다. 또 난치병 아이들도 자신의 인생을 위해 목소리를 높이고 행동에 나섰다. 이들은 오랫동안 닫혀 있던 소아의료 현장에 새로운 바람을 불어넣고자 했다. 이들이 품어온 꿈 중 하나가 민간 어린이 호스피스를 만드는 것, 즉 쓰루미 어린이 호스피스를 짓는 것이었다.

이 책은 시한부 선고를 받은 아이들의 존엄을 지키고자 싸워온 사람들의 기록이다. 이들이 일본의 소아의료를 어떻게 개혁하고자 했는지, 쓰루미 어린이 호스피스를 통해 이루고자 한 꿈은 무엇이었는지……. 그중에서도 괴로움의 끝에서 한 줄기 빛을 찾아낸 한 의사의 발자취에서 이야기는 시작된다.

이시이 고타

차례

1장

어린이병동의 암흑시대

하얀거탑의
불문율

오사카(大阪)시 기타(北)구에는 나카노시마(中之島)라는 구역이 있다. 도지마(堂島)강과 도사보리(土佐堀)강 사이에 토사가 쌓여 작은 섬처럼 된 곳이다. 오사카의 정치 문화의 중심지인 이곳에는 시청과 중앙공회당, 도서관을 비롯해 일본 대표 기업들의 사옥과 외국 영사관이 줄지어 있다.

일찍이 오사카대학 의과대학 부속병원(Osaka University Hospital)은 이 나카노시마를 한눈에 볼 수 있는 건너편 강가에 위치한 고층 건물이었다. '한다이 병원'으로 불리는 이곳은 1993년 스이타(吹田)시로 이전하기 전까지, 오사카 의료계의 중심이었다.

한다이 병원은 인재를 무수히 배출해왔지만, 한편으로 지나치게 권위적이라는 비판도 받아왔다. 대학병원의 비뚤어진 권력 구조를 그린 야마자키 도요코의 소설 『하얀거탑』의 모델이 된 곳도 이 병원이다. 그러나 그럼에도 높은 의료수준으로 의학계에서 확고한 명성을 누려온 것은 부정할 수 없었다.

1983년, 이 한다이 병원 소아과에 신참 의사가 들어왔다. 젊은 날의 하라 준이치(原 純一)다. 후일 백혈병 전문의로 이름을 떨치고 동 대학 의과대학 교수 후보까지 오르는 인물이다. 다만 그는 드라마에서 그려지는 의료계 중진의 이미지와는 전혀 다른, 마르고 표표한 인상에 대화 중에 간간이 농담을 즐기는 사람이다.

하라가 소아과 의사를 선택한 데 특별한 이유가 있었던 것은 아니다. 1954년에 태어난 그는 방사선과 의사인 아버지의 영향으로 자연스럽게 의대를 지망하고 오사카대학 의과대학에 들어갔다. 이후 여러 과를 돌면서 공부하던 중 아무래도 어린아이들은 죽을 확률이 낮을 거라는 생각에 소아과를 선택했다. 이후 오사카 가이세이 병원(Osaka Kaisei Hospital) 소아과에서 연수를 받은 후 한다이 병원으로 돌아왔다. 이것이 그가 한다이 병원에서 뗀 첫걸음이다.

이 병원의 어린이병동에는 오사카뿐 아니라 긴키 전역, 때로는 규슈나 시코쿠에서도 난치병 아이들이 치료를 받고자 찾아왔다.

'어린이 난치병'이라고 한마디로 표현하지만 소아암, 신경근 질환, 중증 심장 질환, 염색체 이상 등 그 원인과 증상이 서로 다른 아이들이었다. 그중에는 일본에서 환자가 몇 명밖에 없는 희귀질환을 가진 아이도 있었다.

어린이 난치병은 환자의 수가 적기 때문에 지방병원에서는 치료하기가 힘들었다. 진단도 어렵거니와 병원 체제도 정비되지 않았기 때문이다. 당연히 치료 경험도 축적되어 있지 않았다. 그래서 지방병원에서는 환자를 난치병이라고 진단하면 대학병원으로 이송했다. 환자와 가족 역시 지푸라기라도 잡는 심정으로 대학병원으로 갔다.

하라는 한다이 병원의 진료실에서 각지에서 찾아온 환자들과 마주했다. 정밀검사 후 증상이 심각하다고 판명되면 최소한의 필요한 설명만 한 후에 즉시 입원시키고 치료를 시작했다. 지금이야 환자의 입원 일수는 가능한 한 줄이고 외래진료에 중점을 두고 있지만, 그 시절에는 무조건 환자를 입원시켜 철저하게 관리하는 것이 상식이었다. 의료의 역할은 오직 하나, 환자를 치료한 뒤 가정에 복귀시키는 것이었다. 의사들은 이를 위한 정예부대라고 할 수 있었고, 환자를 맡은 이상 한다이 병원의 이름을 걸고 반드시 완치시켜야 하는 분위기였다.

매일 아침 하라가 가운을 입고 어린이병동에 도착하면 아이들의 침대 한구석에는 항상 부모들이 있었다. 부모가 24시간 아이들 곁에서 돌보아야 하는 것이 이 병원의 입원 조건이었기 때문이다. 주로 어머니가 그 역할을 했다.

"선생님, 부탁드립니다. 무슨 일이든 할 테니 제발 아이를 낫게 해주세요."

부모들은 하라에게 연신 고개를 숙이며 모두 똑같은 말을 했다. 그들에게 이곳은 최후의 보루였기 때문에 하라에게 모든 것을 맡기는 것밖에 달리 방도가 없었다.

하라의 전문분야는 어린이 난치병의 12퍼센트 정도를 차지하는 소아암이었다. 암의 종류나 진행에 따라 달라지기는 하지만 보통은 외과수술, 방사선 치료, 항암제 등을 사용한 약물요법을 조합해 치료했다.

여기에서 어려운 점은 방사선 치료나 약물요법의 효과가 환자에 따라 다르다는 점이었다. 의사의 지식과 경험을 바탕으로 다양한 조합을 시도해보는 수밖에 없는데, 기대에 어긋나는 경우도 많았다.

하라는 매일같이 선배에게 조언을 구하거나 국내외 논문을 닥치는 대로 읽으며 오직 소아암과의 전쟁에서 승리하는 것을 목표로 했다. 항암제를 얼마나 투여해야 하는지, 효과가 없다면 어떤 약으로 바꾸어야 하는지, 새로운 치료법은 나오지 않았는지……. 이런저런 고민으로 잠 못 이루는 밤도 많았다. 하라에게는 두 아들이 있는데, 아이들이 크면서 자식 또래 환자의 고통이 제 자식의 일인 것처럼 느껴졌다. 부모의 원통함과 아픈 아이들의 외로움이 가슴에 사무쳐 어떻게든 낫게 하고 싶다는 열망이 강해졌다.

하지만 하라는 치료에 매진하면 할수록 무언가 중요한 걸 놓치는 것 같다는 생각에 사로잡혔다. 환자에게 병에 대해 충분한 설명을 하지 않는 당시 분위기 때문이었다.

한다이 병원뿐 아니라 그 시절의 소아의료 현장에서는 환자를 불안에 떨게 하지 않기 위해 병명이나 진행 상황을 밝히지 않는 것이 일반적이었다. 의사는 아이들에게 "나쁜 균이 들어왔으니까 빨리 없애자."라든지 "배 속에 차 있는 물을 빼는 치료를 하자."라는 식의 거짓말을 하고 치료를 해왔다.

하라는 그 이유에 대해 말한다.

"여러 이유가 있겠지만 결국은 의사들이 난처한 일을 회피하고 싶었기 때문입니다. 병명이나 병세를 알려주면 절망한 환자가 자포자기의 심정으로 치료를 거부하거나 최악의 경우 자살을 시도할지도 모른다고 생각했어요. 지금이야 이런 일은 벌어지지 않으리라는 걸 잘 알지만, 당시에는 위험 부담 때문에 환자에게 진실을 알려줘서는 안 된다는 것이 불문율이었습니다."

그러나 이것은 아이들에게 불필요한 불안을 안겼다. 암 치료는 아이들에게 이루 말할 수 없는 고통을 준다. 병원은 아이들을 병실에 격리시킨 뒤 검사한다는 명목으로 수시로 채혈을 하고, 생체검사를 위해 체내 병변도 일부 채취한다. 소아암의 38퍼센트를 차지하는 백혈병의 경우 요골(腰骨)에 바늘을 찔러 골수를 채취하는 골수검사도 한다.

소아암 수술과 약물요법, 방사선 치료에는 부작용과 후유증이 따른다. 특히 항암제는 몸속으로 들어가 암세포뿐 아니라 정상세포도 파괴하면서 가혹한 부작용이 생긴다. 온몸이 쑤시고 아프며 고열과 오한, 신경 마비가 온다. 입안은 구내염으로 뒤덮여 물조차 마실 수 없게 되고, 심한 설사와 혈뇨가 생긴다. 여기에 머리카락과 눈썹까지 빠진다.

이처럼 힘든 치료를 받을 때에는 환자 본인이 제대로 이해하고 받아들이는 것이 중요하다. 어떤 병에 걸렸고 왜 이렇게까지 괴로워야 하는지를 이해해야 의사의 지시에 따라 병을 이기려고 노력하기 때문이다. 그러나 아무 설명도 듣지 못한다면 그저 흰 가운을 입은 어른들에게 둘러싸여 영문도 모른 채 폭력을 당하는 것과 마찬가지다. 성인도 소리 지르며 치료를 거부할 정도로 고통스러운 이 항암제 치료를, 아이들은 자신의 의사를 표현하지도 못한 채 계속 받아야 했다.

하라는 이어 말한다.

"환자의 연령에 따라 다르지만, 말을 알아들을 수 있는 아이들에게는 병에 대해 설명해주어야 합니다. 성인에게 하는 암 선고와 같지 않아도 됩니다. 아이를 제대로 바라보고 '이 병은 목숨과 관계되는 것이니 힘들더라도 지금 치료를 잘 받아야 한단다. 선생님도 최선을 다할 테니 함께 힘내자.'라고만 말해도 아이들은 잘 받아들이고 병과 싸울 준비를 새로이 합니다. 도중에 힘든 순간이 와도 견디려고 노력하지요. 이처럼 의사와 환자가 한마음이 되어 병과 싸우는 것이 중요합니다. 이것이 되지 않으면 의사와 환자의 관계는 망가지게 됩니다."

병에 대한 설명을 듣지 못한 아이는 증상이 악화될수록 "왜 이런 힘든 치료를 계속 받아야 해?" "이제 그만할래. 집에 가고 싫어!"라고 했다. 심지어 물건에 몸을 부딪치거나 치료와 식사를 거부하기도 했다. 난처해진 의사와 간호사는 안 그래도 24시간 아이를 돌보는 부모에게 설득하는 일을 맡겼다.

"어머님, 아이에게 치료 잘 받아야 한다고 전해주세요. 다 아이를 위한 일입니다."

부모 역시 아이에게 치료를 받게 하고 싶어서 이런저런 거짓말로 진실을 감추고 아이를 설득했다. 사실 부모의 24시간 간호는 원래 이 일을 해야 하는 의료인의 부담을 줄이려는 목적도 있었다. 한다이 병원에서는 간호사 조합의 힘이 강하고 수간호사가 큰 결정 권한을 지니고 있었다. 그 간호사들이 입원 시 조건으로 정한 것이 부모의 24시간 간호였다.

당시 입원할 때 내는 간호료에는 야간 간호료도 포함되어 있었다. 그러니 엄밀히 말해 야간 간호는 간호사의 업무 중 하나였다. 그러나 병원 측은 야간 간호료를 받으면서 부모의 24시간 간호를 입원 조건으로 둔 것이다. 부모는 밤마다 잠들지 못하는 아이를 달래고, 먹기 싫어하는 약을 먹이고, 토사물과 배설물을 치우며 매일매일 건강을 체크했다.

여기에 괴로운 치료를 거부하는 아이들을 설득하는 일도 포함되었다. 아이들에게 항암제를 투여하거나 수술을 받게 하려면 많은 시간과 노력이 드는데, 병원 측은 그것을 부모에게 맡김으로써 자신들의 부담을 덜고 있었다.

부모 역시 자신의 아이가 까다로운 환자로 낙인찍히고 싶지 않은 데다 아이의 목숨을 맡기고 있는 처지였기 때문에 병원의 지시에 따라야 했다. 아이가 살려달라며 마구 소리를 질러도 의사가 시키는 대로 치료받도록 아이를 설득할 수밖에 없었다. 부모에게는 심장이 찢기는 듯한 고통이었다.

백혈병으로 아들을 잃은 안도 데루코(安道 照子)는 그때 겪은 고초에 대해 말한다. 안도는 훗날 소아암 환자와 가족을 지원하는 NPO 법인(특정 비영리 활동 법인)을 발족하기도 했다.

"좌우간 간호사들의 권력이 대단했습니다. 여러 가지 규칙을 들이대며 부모들을 옥죄었지요. 침상을 확보하고 입원을 받을지 안 받을지를 정하는 것도 간호사의 권한이었습니다. 그래서 부모들은 간호사의 지시에 불만이 있어도 입원을 거부당할까 봐 두려워서 따르지 않을 수 없었어요. 특히 힘들었던 건 아이를 달래는 일이었습니다. 검사나 치료가 고통스럽기 때문에 당연히 아이는 싫어했는데, 부모는 이를 알면서도 간호사가 지시하면 매일 몇 시간에 걸쳐서 필사적으로 아이를 설득해야만 했습니다."

마찬가지로 항암치료 중이던 초등학생 아들을 둔 아카니시 사토코(가명)는 병원 측의 지시에 너무 잘 따른 결과 아들과 큰 갈등이 생겼다.

"갈수록 심해지는 통증 때문에 아들은 쉽사리 잠들지 못했어요. 수술이나 치료 전날이 되면 무서워서 소리를 지르거나 주스를 이불에 쏟아버리기도 했지요. 저는 아들이 떼를 쓸 때마다 같은 병실 사람들에게 폐를 끼치지는 않을까, 간호사들의 눈 밖에 나지는 않을까 신경 쓰느라 제정신이 아니었어요. 그래서 아들에게 너는 이제 어린애가 아니니 떼쓰지 말라고 소리치고, 때로는 손을 대기도 했습니다. 얼마나 매정한 엄마였을까요. 힘든 치료를 겨우 참고 있는데 어째서 부모에게 맞아야 하는지 섭섭했을 거예요. 아들이 원망에 찬 눈으로 '엄마는 병원 편이지? 배신자!'라고 했던 말이 잊히지 않습니다."

아이에게 의사와 간호사는 자신에게 치료를 강요하는 무서운 사람이었다. 여기에 자신의 편이어야 할 부모마저 그들 편에 섰으니 신뢰가 무너지는 것은 당연했다.

아이들은 처음엔 필사적으로 저항했지만, 점차 말해봤자 소용없다는 것을 깨달았다. 여기에 체력도 떨어지면서 아예 저항하기를 포기했다. 그럼 의사는 아이들이 치료를 받아들였다고 해석했다.

하라는 그런 환자들을 볼 때마다 자신이 하고 있는 일이 정당한지 스스로에게 물었다. 완치시킬 수 있다면 다행이지만, 그렇지 않다면 환자의 소중한 무언가를 빼앗고 있는 것은 아닌지 의문이 들었던 것이다. 그러나 당시 병원은 이런 생각을 입 밖으로 꺼내는 것조차 용납되지 않는 분위기였다.

난치병에 걸리면
생기는 일들

시간이 지날수록 하라는 가정이 부담해야 하는 짐이 너무 무겁다는 것을 알게 되었다. 소아의료에서 의사는 치료에 전념하고, 환자의 정신건강과 생활은 그의 가족이 돌보도록 역할이 나뉘져 있었다. 그러나 그것은 원활하게 이루어지지 않았다.

환자가 어리다 보니 그 부모도 대부분 20대에서 30대 초반으로 젊었는데, 이들은 마음의 여유가 없는 것은 물론이고 경제 기반도 취약했다. 10대 때 예기치 못한 임신으로 결혼해 아르바이트로 생활을 꾸려나가는 집도 있었다. 그 사이에서 둘째, 셋째 아이가 태어났는데 갑자기 난치병 진단을 받는다면, 그래서 몇 년이고 24시간 내내 병원에서 아이를 돌보아야 한다면 어떻게 될까.

부부는 처음에는 서로 손을 맞잡고 최선을 다한다. 그러나 석 달이 흐르고 반년이 지나면 그 유대에 균열이 간다. 생활은 엉망이 되고, 다른 건강한 자식에게 신경 쓰지 못해 그 아이를 애정 결핍에 빠지게 한다.

안도 데루코도 이와 같은 경험을 했다. 3살이던 아들이 소아암으로 입원했을 때, 큰딸은 초등학생이었다.

"평일마다 저는 큰딸을 친정에 맡기고 병원에서 24시간 지냈습니다. 바쁜 남편과는 주말에 교대했지요. 하지만 집에 돌아가도 밀린 집안일을 하느라 정신이 없었습니다. 딸의 입장에서는 평일 내내 외갓집에서 지냈는데 주말에도 부모의 보살핌을 받지 못하는 거예요. 동생을 보러 병원에 가고 싶어도 감염의 위험 때문에 면회가 불가능했습니다. 겨우 10살이던 딸아이는 외롭고 불안한 시간을 홀로 보내고 있었습니다."

이처럼 부모로부터 방치된 아이는 외로움이 점점 커진다. 그래서 난치병을 앓고 있는 형제를 미워하기도 한다. 사춘기에 접어든 아이라면 가정을 떠나 자신이 있을 곳을 찾아 헤매며 비행의 길로 빠지기도 한다. 이 때문에 수년에 걸친 치료가 끝나고 가족이 겨우 함께 지낼 수 있게 되더라도 아이들의 마음은 이미 집에서 떠나버리는 경우가 생긴다.

부부 사이도 비슷하다. 처음에는 괜찮다가도 힘든 상황이 한 해 두 해 계속되면 서로 충돌하는 일이 늘어난다. 밤낮없이 아이의 간호에 전념하다 보니 심신이 피폐해지고, 스트레스를 해소하기 위해 술이나 도박에 의존하기도 한다. 그럼 부부 사이는 당연히 더 벌어진다.

또 24시간 간호는 맞벌이로 빠듯한 생활을 하는 가정에 빚을 떠안기기도 한다. 젊은 부부가 난치병 아이를 장기간에 걸쳐 돌보려면 그에 상응하는 경제적 기반을 갖추거나 주위의 도움이 필요하다. 그러나 그럴 형편이 안 되면 이 무거운 짐을 견딜 수 없게 되어 무너져버린다.

안도의 가정 또한 이혼이라는 비극을 맞이했다.

"병원에 있는 아이를 돌보면서 가정을 꾸리는 건 너무나 힘든 일이었습니다. 저는 아들 간호와 병원에서의 인간관계로 줄곧 신경이 날카로워져 있었고, 남편은 일이 바빠 가정에 집중하지 못했어요. 저희는 아들을 어떻게 치료할지, 아프지 않은 큰딸은 또 어떻게 돌볼지에 대해서도 사사건건 충돌했습니다. 아들이 병과 싸울 동안 저희는 돌이킬 수 없는 길을 가고 있었습니다. 결국 아들이 떠난 지 1년 만에 이혼하게 되었지요."

아카니시 사토코 역시 이혼의 경험이 있다.

부부 사이에 금이 가기 시작한 계기는 금전 문제였다. 일반적으로 어린이 난치병 치료에 드는 비용은 '소아 만성 특정 질환 의료비 조성제도'에 의한 조성금으로 대부분 충당할 수 있지만, 가족의 생활비까지는 지원받지 못했다. 아카니시는 24시간 아들을 돌보느라 일을 할 수 없게 됐고, 형편이 기울어지면서 큰딸과 작은딸을 돌보는것도 쉽지 않았다.

아카니시는 정년퇴직한 양가 부모에게 도움을 청했으나 남편은 시부모와의 사이가 소원해 연락조차 되지 않는 상황이었다. 아카니시는 친정 부모에게만 폐를 끼치는 상황에 억울한 마음이 들기 시작했고, 설상가상 남편이 지인들과 술을 마시러 나가는 일이 잦아졌다. 점점 아들 간호에 소홀해지면서 부부는 끊임없이 다투었다. 그럼에도 아카니시는 두 딸을 위해 부부 관계를 유지했다.

그러던 어느 날, 고등학교 1학년이던 큰딸이 학교를 중퇴하겠다고 선언했다. 아카니시는 반대했지만 큰딸은 혼자 살겠다며 집을 나가버렸다.

"저도 저지만 무엇보다 아들이 가장 상심했습니다. 자기가 병에 걸리는 바람에 가정 형편이 어려워지고 누나가 가출해버린 건 아닌지 괴로워했어요. 저는 아들에게 네 탓이 아니라고 말했지만, 남편과는 끊임없이 싸웠습니다. 이대로는 아들의 치료는커녕 작은딸에게도 나쁜 영향을 줄까 두려워 복지센터에 근무하는 지인에게 상담했더니 이혼을 권유하더군요. 그래서 이혼하게 되었습니다. 작은딸은 친정에서 맡아주기로 했습니다.

아이들에게 씻을 수 없는 상처를 주었어요. 큰딸은 집을 멀리하게 되었고, 작은딸도 지나치게 눈치를 보는 아이로 자랐습니다. 아들은 자기 때문에 가정이 방가졌다고 자책하며 3년의 투병 생활 끝에 세상을 뜨고 말았습니다."

안도와 아카니시의 사례는 아이가 난치병에 걸리면 그 가정이 어떻게 산산조각이 되는지를 보여준다. 하라는 이러한 가족을 수도 없이 보아왔다.

하라의 말이다.

"의사가 환자의 치료에 매진하면 할수록 환자의 가정은 무너졌습니다. 이들에 대한 지원 제도가 없었어요. 병원은 사회복지사를 배치하지 않았고, 기업도 이러한 가정에 대한 이해가 부족했습니다. 아픈 아이의 형제자매를 지원하는 단체도 없었지요. 그래서 아이가 난치병에 걸리는 순간, 그 모든 짐은 가족들이 질 수밖에 없었습니다.

가장 지켜보기 힘들었던 것은 아픈 아이들이 무너져가는 가족을 보며 자신의 탓이라며 죄책감을 가지는 것이었습니다. 저는 어떻게든 아이들을 도와주고 싶었지만, 의사는 환자의 가정에 개입해서는 안 되었기에 치료에만 전념할 수밖에 없었습니다."

하지만 소아암은 완치가 보장되는 병이 아니었다.

하라가 막 의사가 되었을 무렵 소아암의 생존율은 50퍼센트 정도였다. 지금은 항암제와 항생제의 효과가 좋아져 70퍼센트 까지 높아졌으나, 이 말은 반대로 30퍼센트의 아이들은 여전히 목숨을 잃는다는 걸 의미했다.

의사는 어느 정도 진료 경험이 쌓이면 담당 환자가 완치될 가 능성이 없음을 알게 되는 순간이 있다. 수술로 종양을 전부 제 거할 수 없거나 항암제와 방사선 치료로도 기대했던 효과가 나 오지 않을 때가 그렇다. 그 경우 암이 전이된 아이들이 하루하 루 쇠약해지는 것을 지켜볼 수밖에 없다.

하라는 말한다.

"환자가 점점 죽음에 가까워지지만 의학의 힘으로는 막을 수 없을 때가 있습니다. 병원에는 의사가 환자를 구하지 못하는 것 은 수치스러운 일이라는 분위기가 강했습니다. 의사의 능력이 부족해서 그런 것이라고 여겼어요. 환자를 살리기 위해 얼마나 애를 썼는가는 무시하고 말이지요. 의사는 그런 상황이 되면 패배감에 사로잡혀 의욕을 잃고, 환자나 가족들을 만나는 것을 두려워하게 됩니다. 병실에 차마 들어가지 못할 때도 있었습니다. 그래도 공식적으로 실패를 인정할 수는 없기에 마지막까지 연명치료를 계속했어요. 그것밖에는 달리 도리가 없었습니다.

음식을 넘길 수조차 없을 만큼 쇠약해졌는데도 억지로 링거를 맞히면 환자의 몸은 퉁퉁 붓습니다. 영양분이나 약을 흡수할 수 없기 때문입니다. 피부 변색도 일어납니다. 하지만 당시에는 '완화의료'라는 말조차 없던 시절이라 편안하게 마지막을 맞게 해주자는 말은 입 밖에 꺼낼 수도 없었어요."

더 이상 치료법이 없어도 의사는 포기할 수 없었다. 환자의 목숨이 붙어 있는 한 모든 수단을 다 동원해야 했다. 시한부 선고 대신 환자의 온몸에 튜브를 끼워 영양분과 약물을 대량으로 주입했고, 섬망(의식장애)이 나타나도 계속 힘을 내라고만 했다.

게다가 당시에는 완화의료에 필요한 약도 거의 없었다. 1989년이 되어서야 비로소 모르핀 계열의 엠에스콘틴(Ms Contin)이 나왔지만, 성인용인 데다가 그조차 효과가 2시간에 불과했다. 통증 완화용 약물이 본격적으로 유통되기 시작한 것은 2000년대 들어서였다. 소아용 약물은 그 후에야 나왔다. 이렇게 늦게 제조된 이유는 소아암 발생률이 적었기 때문이다. 제약회사로서는 큰 이득이 없으므로 개발을 뒷전으로 미루었다. 여기에 당시에는 아이에게 모르핀을 사용해서는 안 된다는 분위기도 강했다. 상황이 이러하니 부모들은 의사에게 절대 나을 수 없다는 말을 듣기 전까지는 어떻게든 아이가 치료받기를 원했다.

하라는 한다이 병원 시절에 만난 1살 아기의 일을 지금도 기억한다. 하라는 백혈병에 걸려 한두 달밖에 살지 못할 아기를 살리기 위해 가혹할 정도의 치료를 계속했다.

부모는 항암제가 듣지 않는다는 사실을 알게 되자 마지막 수단으로 병원을 옮겨 골수이식을 받게 하고 싶다고 했다. 그러나 아이의 나이와 병세를 감안했을 때, 수술을 받더라도 회복할 가망은 없었다. 오히려 아이를 더 힘들게 할 뿐이었다. 하라는 어렵사리 부모에게 이 사실을 전했지만, 부모는 이를 순순히 받아들이지 못했다.

"저희는 절대 포기할 수 없어요. 무슨 짓을 해서라도 아이를 살릴 겁니다. 이식수술 꼭 받게 할 거예요!"

부모는 아기를 다른 대학병원으로 옮겨 골수이식을 받게 했다. 그러나 한 달 후, 아기는 세상을 떠나고 말았다. 이처럼 중증 암 아이들은 대부분 숨이 끊어지기 직전까지 몸에 칼을 대고 항암제를 맞았다. 하라는 이러한 아이들의 이야기를 할 때면 항상 하늘을 바라봤다.

"아이들은 어른들을 원망하며 죽어갔습니다. 힘든 치료를 참아가며 시키는 대로 다 했는데 왜 죽어야만 하는지, 이 지경이 될 때까지 왜 진실을 감추고 뻔한 말로 속였는지……. 이렇게 말하는 듯한 눈빛으로 의사와 부모를 노려봤어요. 하기야 이런 저런 규칙으로 그렇게 아이들을 옥죄고 수년 동안 힘든 치료를 받게 하면서도 병명조차 알려주지 않았으니, 아이들이 원망하는 것도 당연합니다.

그 아이들의 눈빛이 지금도 뇌리에 박혀 지워지지 않습니다. 아마도 평생 잊지 못하겠지요. 저는 이런 일을 겪을 때마다 가슴이 너무 아파 다음에는 반드시 살리겠다고 굳게 다짐하며 치료에 전념했지만 2, 3명 중 1명은 결국 살리지 못했습니다.

저는 의사란 참으로 고독한 직업이라고 생각했습니다. 이게 과연 의사의 역할인가, 내가 정말로 환자와 가족들에게 도움이 되는 일을 하고 있는가에 대해 묻고 답하는 날들이 이어졌습니다."

병실에서 하라를 향해 원망의 눈길을 보낸 사람은 죽어가는 아이만이 아니었다. 의사를 믿고 따라온 부모도 마찬가지였다. 그들은 24시간 간호로 인해 부부 사이가 멀어져도, 다른 자식과의 관계가 나빠져도, 통장 잔고가 바닥이 나도 아이를 살리겠다는 일념으로 치료에 협조했다. 그러나 아이는 결국 고통만 받은 채 숨을 거두고, 남은 가족은 가정으로 돌아가도 이전의 일상으로 돌아갈 수 없었다. 거기에 아이의 긴 투병으로 즐거웠던 추억조차 남아 있지 않았다.

보호자 중에는 의사에게 왜 아이를 죽게 했느냐며 분노를 쏟아내는 부모도 있었다. 앞서 나온 안도 데루코는 나중에 NPO

법인을 발족할 때 하라의 도움을 받는데, 그때 이혼한 전남편이 어째서 아들을 죽인 의사와 사이좋게 지내느냐며 비난했다고 한다. 이렇듯 유족에게 의사는 미워해야 할 대상이었다.

신생아의료의
갈등

같은 일은 신생아의료의 현장에서도 일어나고 있었다. 훗날 하라와 함께 쓰루미 어린이 호스피스를 설립하는 다타라 료헤이(多田羅 竜平) 역시 하라와 같은 한계를 느끼고 있었다.

1970년에 태어난 다타라는 한번 입을 열면 속사포처럼 말을 쏟아내는 강렬한 인상의 소유자지만, 모든 일에 진지한 태도로 임하는 사람이다. 젊은 시절에는 록에 빠져 밴드를 결성하여 전국 각지를 돌기도 했다.

그는 해외 공중위생학을 전공한 아버지의 영향으로 어린 시절 영국에서 생활한 적이 있다. 이때의 경험을 바탕으로 국제보건에 관련된 일을 하고 싶어 고등학교를 졸업하고 의대에 진학했다.

그러나 전문의가 되려면 연수의 시절에 심장, 뇌, 위 등 하나의 장기를 전문으로 정해야 하는데, 다타라는 어느 것에도 관심이 가지 않았다. 그때 소아과 선배로부터 어디로 갈 건지 정하지 못했으면 이쪽으로 오라는 권유를 받았다. 아이에 대한 전반적인 질환을 다루는 곳이니 특정 장기를 전공할 필요는 없겠다고 생각한 다타라는 소아과를 선택했다.

이후 3년 정도 다른 병원 소아과에서 근무한 후, 30살이 되던 해 오사카 이즈미(和泉)시에 있는 모자보건 종합의료센터(현 오사카 모자의료센터, Osaka Women's and Children's Hospital)로 옮겼다.

모자보건 종합의료센터(이하 모자보건센터)는 신생아의료 분야에서 유명한 곳이었다. 일본 최초로 WHO 협력 센터 인증을 받은 모자의료 연구기관이 있어 미숙아 생존율을 세계 1위로 끌어올렸다. 세계적으로 유명한 후지무라 마사노리가 부장으로 있어 일본 내외의 젊고 유능한 의사들이 많이 모여들었다. 다타라는 우연히 이 센터의 신생아 집중치료실(NICU)의 자리가 빈 것을 알게 되어 소아과 의사로서 실력을 쌓을 생각으로 지원했다.

센터의 NICU에는 연일 심각한 병에 걸린 갓난아기들이 실려 왔다. 당시 일본은 임신부의 다이어트, 불임 치료, 고령 출산 등의 영향으로 고위험 신생아 수가 줄지 않고 있었다. 그런 신생아를 살리는 것이 다타라의 역할이었다.

다타라는 이곳에서 다양한 병증의 신생아를 만났다. 선천성 난치병을 가진 아기부터 몇백만 명 중 1명 걸릴까 말까 하는 희귀한 병을 가진 아기, 일반적으로 생존이 불가능하다고 여겨지는 초미숙아까지 있었다. 다타라는 이들을 살리기 위해 매일 고군분투했다. 그러나 살 수 없는 고위험 신생아를 살려내더라도 수개월의 연명치료를 하는 것에 불과했다. 평생 이어지는 장애가 생기는 경우도 적지 않았다. 한번은 다른 과 의사에게 "NICU는 쓸데없는 연명치료로 장애아를 생산하는 공장"이라는 비꼼을 듣기까지 했다. 다타라는 자신이 하는 일에 허무함을 느꼈다.

"당시 센터에 있던 아기는 500그램의 초미숙아라 하더라도 8, 90퍼센트가 살았지요. 하지만 그중 10퍼센트는 사망했습니다. 아무리 애를 써도 인간의 힘으로는 한계가 있었습니다. 장애를 갖게 된 아이를 보며 절망하는 부모도 많이 봐왔습니다. 항간에는 부모가 장애아를 사랑으로 키우는 미담도 많이 들려오지만, 현실은 그렇게 녹록지 않습니다. 그들은 절망에 빠져 헤어나오지 못합니다. 또 아이를 돌보느라 심신이 피폐해지지요.

정상적인 사고를 하지 못해 아이를 학대하는 경우도 있어요. 다른 병원에 근무하고 있을 때 온몸이 담뱃불로 지진 상처로 가득한 장애아가 실려 온 적이 있는데, 지금도 잊지 못합니다.

NICU는 어떤 아이가 오든 생명을 살리는 걸 최우선으로 해야 합니다. 저는 치료에 최선을 다했지만, 살리지 못했을 때나 살리더라도 이후 간호에 힘들어하는 부모들을 볼 때마다 제가 정말로 원하는 것이 무엇인지 알 수 없어졌습니다."

그런 다타라의 마음에 결정타를 날린 것이 어느 환자와의 만남이었다. 최중증의 선천성 표피 수포증(epidermolysis bullosa hereditaria)을 앓고 있던 아이였다. 이 병은 유전자 이상으로 인해 머리부터 발끝까지 셀 수 없을 정도로 많은 수포가 생긴다. 코와 구강, 생식기 등의 점막까지 발생하여 극심한 통증을 일으킨다. 누워만 있어도 피부의 수포가 터져 피가 배어 나오고, 우유를 마시지도 배설하지도 못하는 것은 물론 호흡조차 제대로 할 수 없다. 그러나 불행히도 이 병을 뿌리 뽑을 치료법이 없어 환자는 괴로움에 몸부림치다가 결국 합병증으로 죽어간다.

다타라는 아이의 피부에 생긴 수포가 터지면 소독하고, 링거로 영양을 공급하고, 감염증에 걸리면 항생제를 투여했다. 이 울부짖는 갓난아기가 살 가망이 없는 것을 알면서도 생명을 하루라도 더 연장하기 위해 애썼다. 그러면서 다타라는 정말 이래도 되는 것인지 몇 번이고 스스로에게 되물었다. 그러나 의사의 본분은 치료를 하는 것이었으므로, 치료를 계속할 수밖에 없었다.

이윽고 아기는 숨을 거두었다. 이후 어머니는 초췌해진 모습으로 다타라에게 물었다.

"선생님, 이 아이는 왜 태어난 걸까요? 내내 고통만 받고……. 태어나서 한순간이라도 행복했던 적이 있었을까요?"

다타라는 아무 말도 할 수 없었다. 그는 그 순간을 이렇게 회고한다.

"의사는 환자의 죽음을 하나의 실패로 여기는 경향이 있었습니다. 만약 NICU에서 10명 중 1명이 죽는다고 한다면, 이를 마치 9승 1패처럼 받아들였지요. 그리고 어떻게든 10승을 올리기 위해 분투했습니다. 저도 그랬습니다.

하지만 아기의 죽음을 지켜보면서 생각한 것은, 그 '1패'에 속하는 환자에게도 인생이 있다는 것이었습니다. 비록 수개월이었지만 그 아기에게는 더없이 소중한 시간이었습니다. 어떻게 생명을 연장할까를 고민할 게 아니라, 짧더라도 충실한 삶을 보낼 수 있도록 해야 했어요. 이렇게 죽음을 하나의 실패로 치부하는 건 어디까지나 의사의 입장이 아닐까, 잘못된 게 아닐까 하는 생각이 들자, 지금까지 제가 생각해온 의료란 무엇이었는지 의문이 생겼습니다.

하지만 그렇다고 해서 뚜렷한 해답을 찾은 것은 아니었어요. 그 후 다른 병원으로 옮기고 나서도 번민은 계속되었습니다. 지금 이대로 괜찮은 걸까, 내가 해야 하는 다른 일이 있는 것은 아닐까…… 돌이켜보면 의사로서 가장 괴로운 시기였습니다."

다타라와 하라가 마주한 것은 '죽음의 불가피성'이라는 벽이었다.

완치가 비극이
된 아이

어린이 난치병에는 치료 외에도 생각해야 할 게 하나 더 있다. 병을 이겨낸 아이들이 이후 살아갈 인생이다. 투병이 끝나더라도 아이들의 몸과 마음에는 장애가 남는 경우가 적지 않다. 일반적으로 후유증으로 불리는 '만기합병증(만기장애)'은 남은 인생에 큰 영향을 미치기 때문에 심각하게 받아들여진다. 병에서 해방된 아이들이 생존자(Survivor)라고까지 불리는 이유다.

아이들의 장애는 육체적인 것과 환경적인 것으로 나눌 수 있는데, 전자의 사례 중 하나가 뇌종양이다. 종양이 커지면 뇌 내의 정상조직이 파괴되어 시각이나 청각에 장애가 생기거나 신체 일부가 마비된다.

암세포를 제거하는 수술에서도 마찬가지 일이 벌어진다. 뇌의 정상조직이 손상되면 신체장애뿐 아니라 정신발달 지연, 환청, 환각 등 정신장애를 일으키기도 한다. 언어장애도 발생한다. 이러한 장애를 안고 사는 아이는 사회로 복귀해도 일상을 살아가는 것이 쉽지 않다.

방사선 치료나 약물요법도 후유증이 있다. 성장하지 않은 아이들의 몸에 대량의 방사선을 조사(照射)하거나 항암제를 투여하면 정상세포에도 영향을 미치기 때문이다. 특히 뇌 방사선 치료는 성장호르몬 분비를 저하시키고, 뇌혈관 협착을 일으켜 뇌경색 발생 위험이 높아진다.

환경적인 장애도 발생한다. 앞서 말했듯이 가족 사이가 벌어지고 학업에도 악영향을 미친다. 아이들은 긴 투병으로 진학을 포기하거나 출석 일수가 모자라 유급을 당하기도 한다.

하라는 말한다.

"난치병 아이들은 사회로 나가더라도 후유증으로 인한 장애, 재발할지 모른다는 불안감, 사회부적응과 같은 문제를 짊어지고 살아가야 합니다. 그걸 가장 잘 나타내는 것이 난치병에서 회복한 아이들의 높은 자살률입니다. 치료를 받는 동안은 살기 위해 필사적으로 노력하지만, 치료가 끝나고 병원 밖을 나서면 자신을 기다리고 있는 가혹한 현실을 마주하고 절망하지요. 정확한 통계는 나와 있지 않지만 건강한 아이들의 자살률에 비해 10배 정도는 높은 것 같습니다. 실제로 제가 만난 환자 중에도 미래를 비관하여 스스로 목숨을 끊은 아이들이 있습니다."

그중 하나가 하다 야마토(가명)라는 남자아이였다. 야마토는

1살이 지날 무렵 갑자기 37도 정도의 열이 계속 나더니 잘 먹지 못하기 시작했다. 걱정이 된 부모가 근처 소아과로 데리고 갔지만 감기라는 진단을 받았다. 하지만 그 후에도 상태가 좋아지지 않아 다른 병원에 갔는데, 거기에서도 탈수 증세라고 할 뿐 좀처럼 원인이 밝혀지지 않았다.

오사카 부립 병원(현 오사카 급성기·종합의료센터, Osaka General Medical Center)에서 정밀검사를 받고 나서야 부신(副腎, 신장 위에 위치한 장기)에 소아암의 일종인 신경아세포종(neuroblastoma)이 생긴 것을 알게 되었다. 야마토는 약물요법과 수술을 받고 컨디션을 회복하여 3살 때 퇴원했다. 퇴원한 지 1년이 지나고 나서는 그렇게 바라던 유치원에도 다니게 되었다.

그러나 야마토를 기다리고 있던 것은 부모의 이혼이었다. 자신이 투병하는 동안 많은 오해와 잦은 충돌이 생긴 것이 원인이었다. 어머니는 야마토의 여동생을 데리고 집을 나갔다.

시간이 흘러 초등학교에 들어간 야마토는 자신의 작은 키가 신경 쓰였다. 약물요법의 부작용이었다. 의사는 성장호르몬 분비를 촉진할 수는 있지만 암이 재발할 위험이 있으니 당분간은 상황을 지켜보자고 했다. 9살이 되어서 호르몬요법을 받기 시작했지만, 이제 다른 아이들처럼 키가 자랄 것이라는 기대와 달리 결국 140센티미터에서 성장이 멈췄다.

이후 야간공고에 진학한 야마토는 개그맨의 꿈을 품기 시작했다. 어릴 때부터 개그를 좋아하기도 했고, 개그맨이라면 작은

키가 오히려 장점이 될지도 모른다고 생각한 것이다. 그래서 학교를 다니면서 아르바이트로 번 돈으로 쇼치쿠(松竹) 예능 양성소에 다니기 시작했다.

시작은 순조로웠다. 그곳에서 만난 여자 선배와 팀을 결성해 콘테스트 결승까지 진출했고, 선배의 DVD에 출연하거나 독립 영화 출연 제의를 받기도 했다. 그렇게 야마토는 조금씩 자신의 재능에 자신감을 가졌다.

그러나 몸에 다시 이상이 생긴 건 19살 때였다. 처음에는 몸이 나른했다. 아침에 눈을 떠도 낮이 지나서까지 몸을 일으킬 수 없었고, 아르바이트 중에도 극심한 피로감을 느껴 틈틈이 누워서 쉬지 않으면 끝나는 시간까지 서 있지 못했다. 점점 미열과 구토 등의 증상도 나타났다.

뭔가 잘못되었다는 생각에 병원에 갔더니 수혈이 필요할 정도의 빈혈이라고 했다. 그리고 이곳에서 추천받은 다른 병원에 가서 정밀검사를 한 끝에 골수이형성 증후군(myelodysplastic syndrome)이라는 진단을 받았다.

골수이형성 증후군이란 정상혈액세포가 감소하는 병으로, 야마토는 백혈병으로 이행하는 고위험군에 해당됐다. 치료를 위해선 동종 조혈모세포 이식(allogeneic hematopoietic stem cell transplantation)을 받아야 했다. 보통 골수이식으로 불리는 수술이었다. 그러나 이를 위해선 환자와 기증자의 인간 백혈구 항원(HLA)이 일치해야 하는데 부모 자식 간에도 일치하는 일은 극히 드물었고, 형제자매 사이라도 25퍼센트 정도의 확률밖에 되지 않았다. 야마토의 아버지는 헤어진 아내와 작은딸에게 도움을 청했다. 그리고 검사 결과 작은딸과 일치한다는 판정을 받았다.

다음은 야마토의 아버지의 말이다.

"처음에 야마토는 여동생에게 조혈모세포를 받는 것을 주저했습니다. 워낙 어린 나이에 헤어졌기 때문에 여동생이 그냥 먼 친척 같다고 하더군요. 더욱이 대학 입시를 앞둔 동생이 자기 때문에 피해를 입지 않을까 걱정했습니다.

그러나 그대로 뒀으면 야마토는 바로 죽었을 겁니다. 저를 포함해 주변의 모두가 필사적으로 설득한 끝에 겨우 수술을 받았지만, 이후에도 안쓰러울 정도로 동생을 걱정하며 미안해했습니다."

이식은 무사히 끝났지만 심한 거부반응이 나타났다. 이를 억제하기 위한 치료를 시행했으나 빈혈, 구토와 같은 부작용이 발생했다. 특히 외모가 심각하게 변했다. 얼굴 윤곽이 변할 정도로 부어올랐고, 피부에는 좁쌀이 셀 수 없이 돋아나고 변색이 일어났다. 아버지조차 못 알아볼 정도였다.

이후 퇴원한 야마토는 외모 변화로 인한 충격과 동생에 대한 미안함으로 집에 틀어박혀 깊은 우울감에 빠졌다. 게다가 백혈병의 위험이 있어 정기적으로 통원하여 검사를 받아야 했다. 무대에 언제 다시 설 수 있을지 기약조차 없어 개그를 구상할 기력도 사라져갔다.

그래도 그는 좌절하지 않고 만화 카페에서 아르바이트를 하며 장래를 고민하다가 캐드(CAD, 컴퓨터 지원 설계) 오퍼레이터라는 새로운 목표를 갖게 되었다. 몸이 불편해도 가능한 직업이라고 생각하여 본격적으로 배우기 시작했다.

그러나 곧 그 목표마저 단념해야 했다. 보통 색맹으로 불리는, 색각 이상(dyschromatopsia)이 있다는 것을 알게 되었기 때문이다. 야마토는 캐드에서 도면을 긋는 것조차 할 수 없을 정도로 색채를 구분하지 못했다.

아버지는 이어 말한다.

"아이가 병 때문에 얼마나 많은 좌절을 겪어야 했는지 모릅니다. 투병이 끝났더니 부모가 이혼하고, 부작용 때문에 키도 자라지 않았습니다. 하지만 이걸 모두 이겨내고 개그맨이 되기 위해 첫발을 내디뎠는데, 또 다른 병마로 그 꿈을 포기해야 했어요. 그래도 다시 일어서서 캐드 오퍼레이터라는 새로운 목표를 세웠건만, 이번에는 색각 이상으로 다시 좌절했지요. 어떤 희망도 품지 못한 게 당연합니다."

삶의 목표를 상실한 야마토는 집 안에 틀어박혀 취미였던 가죽공예에만 빠져 지냈다. 지갑을 만들어 이름을 새기기도 하고 가죽과 실을 엮어서 미산가(닳아서 끊어지면 소원이 이루어진다는 팔찌—옮긴이)를 만들기도 했다. 묵묵히 무언가를 만드는 것으로 미래에 대한 불안을 떨쳐버리려고 한 것일까. 그러나 그의 절망

어린이 호스피스의 기적

감은 점점 커져만 갔다.

23살이 되던 해 8월, 매미가 아침부터 울던 날이었다. 야마토가 갑자기 삭발하고 싶다는 말을 했다. 예전부터 야마토의 이발을 해온 아버지는 바리캉을 꺼내 머리를 박박 밀어주었다. 당시에는 더워서 그런가 보다 하고 대수롭지 않게 생각했지만, 나중에 생각해보니 야마토는 이미 이때 마음의 결심을 한 듯했다.

그날 밤, 야마토는 자신의 방에서 마시지도 못하는 술을 마셨다. 그리고 어질러져 있던 방을 정리한 뒤 컴퓨터를 켜서 작성해둔 개그 아이디어들을 하나하나 삭제했다. 그 뒤 유언을 남기기 시작했다.

이 집의 가족으로 태어나서 좋았어요.

하지만 더 이상 가족에게 부담이 되고 싶지 않아요.

모든 정리를 끝낸 후, 야마토는 바리캉 줄을 목에 감아 스스로 목숨을 끊었다.

아버지가 야마토를 발견한 것은 다음 날 오전 7시. 몸은 이미 차갑게 굳어 있었다고 했다. 아버지는 눈물을 참으며 말을 이었다.

"저는 치료가 끝나면 그걸로 끝인 줄 알았습니다. 그런데 그게 아니었어요. 완치가 된다 해도 이후 아이의 인생에는 또 다른 시련들이 기다리고 있었습니다. 제가 야마토의 마음을 좀 더 헤아렸다면 아이는 덜 힘들었을까요. 하지만 저는 어떻게 돌보아야 하는지 전혀 배우지 못했고, 의료와 복지의 도움도 받지 못했습니다. 아이는 홀로 괴로워하다가 세상을 저버렸습니다."

어린이 호스피스의 기적

끝내 낫지
못할 거라면

1993년, 한다이 병원은 오사카시에서 스이타시로 이전했다. 만국박람회 기념공원에 인접한, 녹지가 많은 뉴타운이었다.

40대가 된 하라는 여전히 암 환자 치료에 여념이 없었다. 그러면서도 잠자는 시간을 아껴가며 연구와 논문 집필에 공을 들여 학계의 높은 평가를 얻고 있었다. 의국에서 출세할 수 있을지 없을지는 의사로서의 실력뿐 아니라 학회의 논문 평가도 큰 영향을 미쳤기 때문이다.

그러나 하라는 시간이 갈수록 지금까지의 의학에 대해 위화감을 느꼈다. 의료기술의 발달로 연명이 가능해질수록, 살릴 수 없는 환자를 어떻게 해야 할지 고민이 되었던 것이다.

그러던 중 한 가족을 만나면서 새로운 깨달음을 얻게 된다. 어린이병동에 입원한 귀여운 3살 남자아이와 어머니였다. 아이의 병명은 횡문근육종(rhabdomyosarcoma)이었다. 횡문근으로 불리는 근육에 암세포가 생겨서 퍼지는 병으로, 이 병에 걸린 15세 미만 환자의 생존율은 절반 정도에 불과했다.

하라는 검사 결과를 보고 치료가 굉장히 어렵겠다고 판단했지만, 할 수 있는 시도는 전부 하려고 마음먹었다. 처음은 약물 요법이었다. 그러나 아직 어리기만 한 아이에게 항암제의 부작용은 상상하기 힘들 정도로 괴로운 것이었다. 예상대로 아이는 몸속 세포가 파괴되는 고통에 몸부림치며 울었다.

"이제 곧 끝나니까 아파도 조금만 더 참자."

하라는 항암제가 효과가 있기를 바랐지만 전혀 듣지 않았다. 항암제를 바꿔서 투여해도 암세포가 사라지기는커녕 여기저기 퍼졌다. 나중에는 더 이상 어찌할 방도가 없었다. 하라는 부모가 마음의 준비를 단단히 하고 투병 각오를 새롭게 다질 수 있도록 아이의 상태를 솔직하게 말했다.

"매우 위중한 상태입니다. 계속 악화되고 있어요."

"죽는다는 말씀인가요?"

"이대로라면 몇 개월밖에 살지 못합니다. 약을 다시 바꿔보겠지만 효과가 있을지 없을지는 확신할 수 없습니다."

이 경우 대부분의 부모는 의사에게 제발 마지막까지 포기하지 말고 최선을 다해달라고 사정한다. 하라도 그걸 예상하고 앞으로의 치료에 대해 설명하려고 했다. 그런데 아이의 부모는 잠시 생각하더니 의외의 말을 했다.

"솔직하게 말씀해주셔서 감사합니다. 그렇다면 저희는 여기서 치료를 멈추고 아이를 집으로 데려가겠습니다."

"네?"

"아이가 살 수 없다면 치료를 중단하고 아이의 곁에 함께 있고 싶어요. 집에서 아이의 마지막을 지켜줄 수 없을까요?"

하라는 귀를 의심했다. 20년 가까이 의사로 살아오면서 처음 듣는 말이었다. 모든 부모가 아이를 살리기 위해 마지막까지 치료해달라고 애원하는데, 병원을 떠나 아이와 마지막 시간을 보내고 싶다니.

"진심이신가요? 부모님이 정말로 그러기를 원하신다면 고려는 해보겠습니다만……."

"이게 저희의 바람입니다. 부탁드립니다."

부모의 결심이 이러한 이상 의사가 억지로 말릴 수는 없었다. 하라는 반신반의하며 일단 아이를 퇴원시키고 경과를 지켜보기로 했다.

부모는 살날이 얼마 남지 않은 아이에게 추억을 만들어주기 위해 전국을 여행했다. 그 시간 동안 병원에 얽매이지 않고 즐거운 체험을 많이 하게 해주려는 것이었다.

그리고 놀랍게도 아이는 이후 내원할 때마다 표정이 밝아져 있었다. 신이 나서는 하라에게 지난주는 어디에 가서 무엇을 했는지, 이번 주는 누구와 무엇을 할 건지 이야기하기 바빴다. 가족 모두가 충만한 시간을 보내고 있다는 게 잘 전해져왔다.

3개월이 지났을 무렵, 아이의 병세가 급격히 나빠졌다. 마지막은 병원에 돌아와 필요한 최소한의 치료만 하기로 했다. 부모는 줄곧 아이의 곁을 지켰다. 그리고 일주일 후 아이의 심장이 멈췄을 때, 부모는 차분하고 평온한 모습으로 아이의 죽음을 받아들였다. 이후 부모는 하라에게 말했다.

"선생님 덕분에 저희는 아이에게 해주고 싶었던 걸 모두 해줄 수 있었습니다. 함께 여행을 다니는 동안 아이는 항상 웃고 즐거워했습니다. 평생 잊지 못할 추억을 남길 수 있었어요. 아들은 짧지만 좋은 삶을 살았다고 생각합니다."

이 말은 하라에게 큰 충격을 주었다. 이제까지 자신은 환자의 수명을 하루라도 더 연장하는 것이 의사의 사명이며 가족에게 행복을 주는 일이라고 굳게 믿고 있었다. 그러나 이와 전혀 다른 곳에 가족 모두가 진심으로 행복할 수 있는 방법이 있었던 것이다. 눈앞에 있던 미지의 세계가 밝게 펼쳐지는 느낌이었다.

길든 짧든 누구나 한 번뿐인 생을 살아가고, 언젠가는 죽음의 순간을 맞는다. 그렇다면 살 가망이 없을 때는 죽음을 거부하기보다 받아들이고, 짧지만 멋진 시간을 보낸다면 그것으로 충분하지 않을까. 이렇게 생각한 순간 의사로서 할 수 있는 영역이 몇 배나 넓어진 것 같았다.

그러나 당시 하라와 같은 생각을 가진 의사는 전무하다시피 했고, 이를 받아들일 병원 체제나 자원도 없었다.

2장

영국의 헬렌 하우스를 따라

1996년 하라 준이치는 한다이 병원에서 파견되는 형식으로 시립 스이타 시민병원(Suita Municipal Hospital)의 소아과 부장에 취임했다. 이곳은 20개가 넘는 진료과를 갖춘 종합병원으로, '시민과 함께하는 진심 어린 의료'라는 이념을 내걸고 당시에는 스이타시의 한적한 주택가에 있었다. 지역에 뿌리내린 병원답게 한다이 병원과는 환자층이 꽤 달랐다. 한다이 병원에는 전국 각지에서 상태가 위중한 아이들이 찾아왔다면, 여기는 환자 대부분이 지역 주민이고 병세도 비교적 가벼운 아이들이 많았다. 지금까지 매일매일 아이를 살릴 수 있을지 없을지 갈림길에서 싸워온 하라에게는 신선한 경험이었다.

하라는 새로운 환경에 적응하려고 노력하면서 언젠가 한다이 병원에 돌아갈 때를 대비하여 틈틈이 국내외 소아의료의 동향을 파악했다.

부임한 지 1년이 지난 어느 날, 하라는 유럽의 한 특별한 움직임에 대해서 알게 되었다. 바로 영국이 세계 최초로 소아 완화의료 가이드라인 「소아 완화의료 서비스 발전을 위한 지침」을 발표한 것이다. 영국 의료계가 소아 완화의료에 대한 공통된 정의를 가지고 첫걸음을 뗀 일이었다.

하라는 놀랐다. 일본에서는 아직 '완화의료'라는 말조차 생소한데, 영국에서는 이 개념이 소아의료에까지 적용되고 있었기 때문이다. 그리고 10여 년 전, 캐나다에 있는 토론토 어린이병원에서 면역학 연구원으로 일했던 시간이 떠올랐다. 당시 캐나다는 현재의 일본과도 비교되지 않을 정도로 이미 아이들의 권리 보호가 중요시되고 있었다.

캐나다의 어린이병동에는 면회 제한이 전혀 없어 특별한 경우를 제외하면 누구나 원하는 때에 환자를 만날 수 있었다. 또 약통 하나까지도 아이들의 안전을 위해 뚜껑을 눌러야만 열리도록 고안되어 있었다.

지역사회도 마찬가지였다. 부모가 집에 아이를 혼자 둔 것만으로도 아동상담소나 경찰에 신고당했고, 차에 아이를 태울 때는 유아용 카시트 사용이 의무화되어 있었다. 사회 전반적으로 아이를 보호하고자 하는 분위기가 강했다.

하라는 앞으로 영국을 비롯한 유럽과 미국에서도 말기 아이들의 권리에 대한 가이드라인이 만들어질 것으로 예상했다. 그 다음 해, 하라를 더욱 놀라게 한 일이 일어났다. 이번에는 세계보건기구(WHO)가 「소아암 통증 완화를 위한 가이드라인」을 발표한 것이다. 거기에서 소아 완화의료는 다음과 같이 정의되어 있다.

완화의료란 환자의 신체, 마음, 정신을 적극적이고 종합적으로 돌보는 것이며, 그 가족에 대한 지원도 포함한다. 이는 병의 진단과 함께 시작되며 근치적 치료의 유무에 상관없이 계속 제공된다. (······) 의료 종사자는 아이의 신체, 심리, 사회적인 고통을 적절히 평가하여 완화해야 한다. 또한 효과적인 완화의료를 실시하기 위해 여러 분야에서 함께 유기적으로 대응하고 지역사회의 자원을 유효하게 활용해야 한다. 인재나 사회자원이 충분치 않더라도 만족할 만한 완화의료를 실천할 수 있다. 완화의료는 3차 의료기관이나 지역진료소 그리고 아이의 자택에서도 실시할 수 있다. (······) 부모 이외의 방문 간병인을 두며, 공적 지원을 통해 경제적 부담을 줄이고, 형제의 고립을 방지한다.

일반적으로 '완화의료'라고 하면 죽음을 목전에 둔 환자의 통증을 진통제 등으로 줄여 편안한 죽음을 맞을 수 있게 하는 것으로 생각한다. 하지만 영국이나 WHO가 정의하는 소아 완화의료에는 정신건강 돌봄의 중요성이 잘 드러나 있다. 아이들이 투병 중이라 하더라도, 하고 싶은 것을 마음껏 하고 만나고 싶은 사람도 만날 수 있는 환경을 제공해야 한다고 강조한다.

또한 가이드라인에는 난치병 어린이의 가족에 대한 지원도 언급되어 있는데, 결국 이렇게 가족들을 지탱해야 이것이 난치병 어린이의 지원으로 연결된다. 중요한 것은 병원뿐 아니라 행정, 기업, 학교, 지역사회가 유기적으로 협력하는 것이다. 사회 전체가 난치병 어린이와 그 가족들이 껴안은 문제를 이해하고 지원해야 한다.

하라는 이 가이드라인을 보았을 때를 회상하며 말한다.

"1990년대 중반부터 국제 소아종양 학회(SIOP)에서는 유럽의 의료인들을 중심으로 '어린이 난치병 치료는 치료뿐 아니라 가족 지원과 경제적 지원 등을 종합적으로 시행해야 한다'는 연구논문과 제안이 계속 나왔습니다. 영국 의료계나 WHO가 가이드라인을 발표한 것은 이러한 일련의 흐름에 의한 것이라고 여겨집니다.

이러한 움직임을 보고 제가 떠올린 것은, 한다이 병원에서 만난 그 가족이었습니다. 시한부 선고를 받은 후 적극적인 치료를 그만두고 여러 곳을 여행하며 추억을 만들었던 가족 말입니다. 이는 부모님이 조금이라도 아이가 남은 시간을 행복하게 보낼 수 있도록 삶의 질(Quality Of Life, QOL)을 높이려 했던 사례라고 할 수 있습니다. 소아 완화의료란 이러한 가족에 대한 지원을 늘려가는 것이라고 생각했습니다.

그렇다면 저에게 주어진 과제는 명확했습니다. 일본에 이러한 소아 완화의료의 개념을 잘 전파하고 의료계뿐 아니라 타 분야의 이해와 지원을 구하는 것, 환자의 치료에만 몰두할 것이 아니라 살 가망이 없다면 남은 시간을 어떻게 보내게 해야 할지, 그 가족은 어떻게 지원할지, 이러한 논의를 시작하는 것이었습니다."

WHO가 가이드라인을 발표한 것은 전 세계 소아의료가 나아가야 할 길을 명시했다고 해도 과언이 아니었다. 하라는 이를 일본의 의료현장에 알리고자 했다.

그러나 유럽이나 미국에 비해 일본의 소아의료를 둘러싼 환경은 크게 뒤떨어져 있었다. 특히 의료인뿐 아니라 가족이나 친척들조차 아이의 눈높이에 맞춰 생각하지 못하고 불필요한 고통을 강요했다.

한번은 한 아이의 몸 상태가 일시적으로 안정되어 부모에게 퇴원을 권유한 일이 있었다. 그러나 아이의 어머니는 아이를 그냥 병원에 두겠다고 했다. 시어머니에게 아직 아이의 병을 말하지 못했는데, 만약 알게 된다면 아이가 난치병에 걸린 것이 자신의 탓이라고 할까 봐 두렵다는 게 이유였다. 이렇듯 의학적 지식이 없는 사람 중에는 손주가 난치병에 걸렸다고 하면 며느리 쪽에 분명 무슨 문제가 있을 거라며 며느리의 유전자 탓을 하는 사람들이 있었다. 이웃들도 따가운 눈초리로 난치병 아이들의 형제에게까지 "같은 유전자를 받았으니 분명 몸이 약할 거야."라며 수군대기도 했다.

일본의 현실이 이러한 이상, 아무리 의료인이 목소리를 높여 완화의료의 필요성을 주장한들 종합적인 지원을 하는 것은 불가능했다. 어린이집, 학교, 행정 등 사회 전체가 하나가 되어 공감하는 것이 필요했다.

그래서 하라는 WHO의 가이드라인을 바탕으로 난치병 어린이와 만날 기회가 있는 사람들을 모아서 함께 공부하는 모임을 가지기로 했다. 이후 병원 강의실을 빌려 '소아 완화의료에 관해 공부하는 다직종 공부 모임'을 시작했다. 월 1회 실시를 기본으로 매회 서로 다른 주제로 의견을 교환하고 해결책을 찾는 것이 목적이었다. 이 부름에 응답한 것은 의사와 간호사만이 아니었다. 병원학교 교사, 병에 걸린 아이들을 돌보는 어린이집의 보육교사 등 약 50명 정도가 참석했다.

공부 모임에서는 다음과 같은 주제를 논의했다.

· 소아암 어린이의 학교 교육에 대하여
· 입원 중인 아이의 놀이 활동에 대하여
· 사회가 해야 할 정서 지원에 대하여

입원한 아이들의 교육 문제만 하더라도 입장이 천차만별이었다. 의사 중에는 아이들에게 공부를 강요해서 또 다른 스트레스를 주고 싶지 않다는 사람도 있었고, 교사들은 반대로 학교에 다니는 아이들의 진도에 맞춰 학습시키는 편이 아픈 아이들의 불안을 덜어주는 일이라고 생각했다. 보육교사 중에는 공부보다 놀이가 더 중요하다는 사람도 있었다. 간호사의 입장에서는 놀이가 치료에 방해되는 것은 아닌지, 수업을 한다면 아이는 누가 돌볼 것인지가 신경 쓰였다.

하라는 말한다.

"모임 주제는 해외 논문에서 찾거나 병원에서의 과제를 채택하기도 했습니다. 각자 다른 직종에 종사하다 보니 생각은 달랐지만, 전인치료(Total care)의 필요성에 대해서는 전원이 찬성하고 있었습니다.

일본에서 전인치료라는 말을 사용한 것은 1960년대 들어서였습니다. 성 루카 국제 병원의 니시무라 고조 선생이 맨 처음 사용했지요. 니시무라 선생은 소아과는 병을 치료하는 것뿐 아니라 아이들을 둘러싼 환경까지 다방면으로 지원해야 한다고 했습니다.

그러나 당시 일본 사회는 그것을 받아들이고 지원할 수 있는 상황이 아니었기 때문에 심도 있는 논의는 이루어지지 않았습니다. 그로부터 30년이 지나 유럽과 미국에서 완화의료 가이드라인이 만들어졌을 때에야 일본에서도 서서히 전인치료에 대한 의식이 높아져갔습니다."

일본의 병원 대부분이 구태의연한 가치관에 사로잡혀 있을 때, 그로부터 벗어나야 한다고 생각한 사람들이 이 모임에 결집했다. 눈앞에 있는 아픈 아이들에게 도움이 되고 싶다는 순수한 마음 하나만을 가지고.

이 모임을 발족한 다음 해, 하라는 한다이 병원 강사로 임용 결정이 나서 시립 스이타 시민 병원에서 한다이 병원으로 돌아갔다. 대학병원의 권력 투쟁에 휘말리게 되는 것을 모른 채.

낯선 존재,
병원 놀이 전문가

하라가 한다이 병원으로 돌아온 1999년, 한 보육교사가 자원 봉사를 시작했다. 당시 28살의 야마지 리에(山地 理惠)였다.

야마지는 원래 오사카시에 있는 한 어린이집에서 근무하고 있었다. 앳된 외모에 상냥한 태도로 언제나 상대방을 먼저 배려하는 사람이었다. 아이들은 그를 "언니 선생님"이라고 부르며 잘 따랐다.

그런 야마지의 운명을 바꾼 건 1995년 1월 17일 새벽에 일어난 한신·아와지 대지진이었다. 효고현을 중심으로 간사이 지방을 강타한 이 지진으로 5천 명 이상의 사람들이 목숨을 잃었고, 그 후 재해와의 인과관계가 인정된 사망까지 포함하면 총 6434명이 희생되었다.

대지진 이후 며칠의 풍경은 야마지의 상상을 초월하는 수준이었다. 미디어는 연일 재해의 참상을 전했고, 일부 교통편이 끊겨 직장에 갈 수도 없었다. 친구나 지인에게 연락을 하려고 해도 전화 연결이 되지 않아 안부를 확인할 수도 없었고, 급기야는 친한 친구의 부음을 듣게 되었다. 당연하게 생각했던 일상들이 무너져갔다.

가만히 있을 수 없었던 야마지는 자원봉사에 나섰다. 그리고 봉사를 하면서 만난 사람들의 미소를 보면서, 뜻하지 않은 재난으로 인해 일상이 파괴되어버린 사람들을 돕는 일에 보람을 느꼈다. 남을 도움으로써 오히려 자신이 힘을 얻은 것이다.

이러한 경험을 통해 사회에 기여하고 싶다는 생각을 품기 시작한 어느 날, 신문을 보다가 한 특집기사가 눈에 들어왔다. 세계 소아의료에 관한 보고서였다. 의료인 이외의 다양한 직종의 사람들이 난치병 어린이가 안고 있는 문제를 해결하기 위해 적극적으로 나서고 있다는 내용이었다. 미국이나 스웨덴 같은 의료복지 선진국에서는 전인치료의 개념이 널리 알려져 의사뿐 아니라 사회복지사나 보육교사가 병원에 근무하며 환자와 가족들을 지원한다고 했다.

기사 내용 중 가장 눈길을 끌었던 것은 미국에 '어린이 생활 전문가(Child Life Specialist, CLS)'라는 직업이 있다는 사실이었다. 병원에서 난치병 어린이의 생활을 지원하려면 전문적인 지식이나 기술이 필요하다. 미국의 대학에는 이 분야의 전문가를 양성하는 프로그램이 있었다. 자격을 취득하면 병원 의료팀에 들어가 병동에서 아이들의 불안과 스트레스를 놀이를 통해 줄이고 의사와 환자를 이어주는 역할을 한다. 또 환자의 가족을 지원하는 업무도 맡게 된다.

야마지는 이 일을 해보고 싶었다. 난치병 어린이들은 이재민과 마찬가지로 평범했던 일상이 갑자기 무너져버린 사람들이다. 자신이라면 보육교사의 경험을 살려서 그들을 더 깊이 이해할 수 있을 거라고 생각했다.

마침 한다이 병원에서 놀이 봉사자를 모집하고 있었다. 세상의 흐름에 따라 의료인이 아닌 사람들을 통해 아이들의 입원 생활을 개선하고자 했던 것이다. 결심을 한 야마지는 어린이집을 그만두고 아르바이트를 하면서 한다이 병원에서 봉사활동을 시작했다. 그리고 주 1회 어린이병동에 가서 초등학생까지의 아이들과 함께 놀거나 침대 옆에서 아이와 이야기를 나눴다.

그러나 야마지는 종종 병원의 보수적인 분위기에 당황했다. 의사와 수간호사의 힘이 강해 놀이 내용, 시간, 대상자가 지나칠 정도로 세세하게 정해져 있었기 때문이다. 환자와 부모도 그들의 눈치를 살폈다. 격의 없이 편하게 행동할 수 있는 분위기는 아니었다.

야마지는 말한다.

"놀이 봉사는 병원으로서도 처음 시도해보는 것이었기 때문에 초반에는 여러 규제가 있었습니다. 불편한 점도 있었어요. 저는 규제에 따르면서도 이 아이들을 위해 무엇을 할 수 있을까 나름대로 고민했습니다.

지금까지 만나온 어린이집의 아이들은 자신을 기다리는 미래가 반드시 있다는 전제하에 무럭무럭 성장하는 아이들이었습니다. 반면 병동에서 만난 아이들은 좁은 병실에 갇혀 하루하루 치료를 견디느라 꿈은커녕 당장 내일 일도 알 수 없었지요. 성장의 기쁨보다 병에 대한 공포가 더 컸어요. 그렇기에 더더욱 아이들은 일주일에 한 번 있는 놀이 시간을 손꼽아 기다렸습니다. 다들 언제 몸 상태가 나빠질지 모르기 때문에 놀 수 있을 때 실컷 놀자는 생각이었지요. 오늘 놀더라도 내일은 침대에서 일어나지조차 못할 때도 있었으니까요.

미취학 아동들은 병원학교에 갈 수 없기 때문에 특히 더 놀이 시간을 즐거워했습니다. 같이 수다를 떠는 것만으로도 눈을 반짝이며 빠져들었고, 저는 그런 아이들을 보면서 이것이 바로 제가 하고 싶은 일이라고 확신했습니다."

야마지는 한다이 병원에서 봉사활동을 이어나가면서 보다 전문적인 공부를 하고 싶었다.

그때 도쿄(東京)에서 정기적으로 열리고 있던 'NPHC 연구회'를 알게 되었다. NPHC 연구회는 1998년 어린이병원 환경의 개선과 놀이 치료(Play Therapy) 도입을 목적으로 설립된 연구회였다. 하라가 한다이 병원에서 공부 모임을 시작한 때와 같은 시기, 도쿄의 소아의료 관계자들도 전인치료에 관한 모임을 발족한 것이다. 야마지는 자비로 그곳에 다니면서 난치병에 대해서 본격적으로 공부했다.

NPHC 연구회에서는 유럽과 미국의 소아과 의료제도, 병동 환경을 일본과 비교했다. 유럽이나 미국으로 연수를 다녀오거나 유학에서 막 돌아온 사람들이 현장보고를 하기도 했다. 또 일본의 의료현장에는 무엇이 부족한지, 그것을 도입하려면 어떻게 해야 하는지, 제도는 어떻게 바꿔야 하는지 등을 논의했다. 야마지는 매번 신선한 자극을 받았다.

이후 야마지는 한다이 병원에서 2년간 봉사활동을 한 후, NPHC 연구회가 실시하는 유럽 연수에 참가했다. 자신의 눈으로 세계의 최신 의료현장을 직접 보고 싶었던 것이다. 행선지는 영국, 스웨덴, 네덜란드, 스위스였다. 그리고 그곳에서 큰 충격을 받았다.

"하나부터 열까지 일본과 달랐습니다. 일본은 어느 병원을 가더라도 획일적인 모습을 하고 있잖아요. 하얀 벽에 가지런히 늘어서 있는 침대, 무늬 없는 식기……. 그러나 유럽은 병원마다 인테리어가 달랐습니다. 어느 병원은 벽에 만화영화 그림이 그려져 있었고, 또 다른 병원에는 인형이 잔뜩 있었습니다. 색색의 이불이 준비된 곳도, 식당이 있는 곳도 있었습니다. 병원을 방문할 때마다 놀라움의 연속이었습니다. 아이들에 대한 규칙이나 놀이법도 마찬가지였어요. 이 연수로 저는 병원에 대한 개념이 완전히 바뀌었습니다."

유럽에서 돌아온 후 야마지는 해외에서 공부하고 싶은 마음이 커져 영국 유학을 진지하게 고려했다. 영국에는 미국의 어린이 생활 전문가와 같은 '병원 놀이 전문가(Hospital Play Specialist, HPS)'라는 전문가 자격이 있었다. 말 그대로 병원에서의 놀이 전문가다. 그는 이 자격을 취득하여 소아의료에 보탬이 되고자 결심했다.

2001년, 야마지는 일본에서의 일을 마무리하고 영국으로 건너가 HPS 양성 코스가 있는 볼턴 전문 대학(Bolton Community College, 현 Bolton College)에 입학했다.

유학 중에 야마지가 본 것은 영국의 소아의료 현장에 HPS가 배치되어 아이들의 고통을 덜어주는 장면이었다. 가까운 미래에 일본의 병원에서도 같은 일이 일어날 것으로 생각했다. 야마지는 2년 후 일본인으로서는 두 번째로, 의사를 제외하면 처음으로 이 자격을 취득했다.

이에 대해 야마지는 다음과 같이 설명한다.

"HPS의 주요 업무 중 하나는 입원한 아이들의 환경을 개선하는 일입니다. 병원은 보통 의료인이 치료를 행하는 장소라고 생각하지요. 하지만 오랜 기간 병원에서 지내는 아이들에게 병원은 치료하는 장소이기 이전에 생활하는 장소입니다. 그렇기에 병원 환경은 아이들의 생활을 크게 좌우합니다. 저희는 이 관점에서 병원을 아이들이 지내기 좋은 환경으로 바꾸는 사람들이에요. 병원에 아이들이 놀 수 있는 놀이방을 만들고, 병실 침구나 가구 배치를 바꿉니다. 또한 주로 병실에만 있는 아이들이 계절의 변화를 느낄 수 있게끔 합니다.

치료에 집중하는 의료인이 아이들의 생활 환경까지 생각하기는 어렵기 때문에, HPS가 아이들의 입장에 맞는 제안을 하거나 양쪽에 좋은 환경을 만들기 위해 노력합니다.

또 환경 개선 외에 한 가지 더 중요한 역할이 있어요. 투병하는 아이들의 스트레스와 불안을 완화하는 것입니다. 의사나 간호사의 생각과 그것을 받아들이는 아이들 사이에는 괴리가 있습니다. 가령 주사를 놓을 때 병이 나으려면 맞아야 한다고 아이를 설득해도, 아이 입장에서 싫은 건 싫은 거예요. 그걸 억지로 맞게 하면 아무래도 마찰이 생길 수밖에 없지요.

그럴 때 저희가 개입합니다. 아이에게 그림책을 보여주며 주사가 병을 낫게 하는 원리를 이해시킨 다음, 주사를 맞을 때 덜 아프려면 어떻게 해야 할까를 함께 생각합니다. 주사를 맞는 동안 노래를 부르게 하거나 인형을 꼭 껴안게 해도 효과가 있습니다. 아이들은 자기편이 있다는 것만으로도 안심하거든요.

저는 병동 탐험을 자주 합니다. 말이 탐험이지만 MRI실이나 수술실에 견학을 가는 것입니다. 자신이 치료받을 곳을 미리 방문해 눈으로 보고 이곳이 뭐하는 곳인지 이해하면, 나중에 그곳에 가더라도 아이들은 저항하지 않습니다. 이처럼 아이들 곁에서 치료가 원활하게 진행되도록 돕는 것이 저희의 역할입니다."

HPS는 그저 단순한 아이들의 놀이 상대가 아니다. 투병 중인 아이들이 안고 있는 문제들을 의사나 간호사와는 전혀 다른 입장에서 줄여주는 존재인 것이다.

2003년, 야마지는 유학을 마치고 2년 만에 일본으로 돌아와 아이치 소아보건의료종합센터(Aichi Children's Health and Medical Center)에서 일하게 되었다. 이 센터는 나고야(名古屋)역에서 차로 30분 정도 떨어진 곳에 있는, 병상 수 200개의 어린이 전문 병원이었다. 야마지는 이곳에서 자신이 하고 싶은 일을 할 수 있을 것이라 기대했다.

다만 아직 일본에서는 HPS라는 직업이 알려져 있지 않았기 때문에 야마지는 우선 보육교사로 취직했다. 센터에는 각자 다양한 경력을 가진 5명의 보육교사가 있었다. 야마지는 그들에게 체계적인 보육 운영을 배우고 놀이의 본질을 깨우쳐갔다. 센터도 야마지의 시도를 최대한 인정해주었고, 보통의 보육교사 이상의 역할을 해주기를 기대했다.

2년간 야마지는 다양한 경험을 쌓으면서 HPS로서 더 전문적인 일을 해보고 싶다는 생각을 하게 되었다. 영국에서 배운 것을 일본의 의료현장에 적용하고 싶었던 것이다.

그러던 어느 날, 그는 소아의료로 유명한 오사카의 한 병원에서 보육교사를 모집한다는 소식을 듣게 되었다. 이번에는 오사카의 큰 병원에서 자신을 시험해보자고 생각하여 이력서를 보냈다. 이때만 해도 한다이 병원 자원봉사 시절에 함께한 하라와 재회하게 될 줄은 생각지 못했다.

　같은 시기, 다타라 료헤이는 최신 소아의료를 배우기 위해 영국으로 건너갔다. 다타라는 모자보건센터 NICU에서 근무하면서 살 가망이 없는 아이들을 어떻게 대해야 할지 고민했지만, 일개 의사가 할 수 있는 일은 제한되어 있었다.

　그래서 32살이 되던 해, 오사카부 이즈미사노(泉佐野)시에 있는 린쿠 종합의료센터(Rinku General Medical Center)로 옮겼다. 이전 병원과 비교하면 중증 환자 수는 적었지만, 그곳에도 현대의학으로 살릴 수 없는 어린이들이 있었다. 병원을 옮겨도 결국 같은 벽에 부딪혔다.

　다타라는 당시를 이렇게 회상한다.

　"모자보건센터나 린쿠 종합의료센터에 있는 소아과 의사에게 아이의 죽음은 '실패'였습니다. 그것은 반성해야만 하는 일이었습니다. 처음에는 저도 그렇게 생각했지만 점점 죽음을 실패로 치부하는 것에 대해 저항감을 느꼈습니다. 죽은 아이의 인생도 그 아이에게 있어서는 유일무이한 소중한 목숨입니다. 그렇다면 남은 인생을 보다 편안하고 행복하게 보낼 수 있도록 해야 하지 않을까 싶었어요. 하지만 그러기 위해서 무엇을 어떻게 해야 하는지 몰랐습니다."

그러던 중, 다타라는 영국에서 행해지고 있는 소아 완화의료에 대해 알게 되었다. 아버지로부터 종종 영국에는 난치병 어린이들이 남은 시간을 충실히 보낼 수 있도록 도와주는 의료 시스템과 호스피스 시설이 있다는 이야기를 듣곤 했다. 다타라는 그것이 어떤 것인지 보고 싶었다.

한번 마음먹으면 바로 행동에 옮기는 그는 2005년 여름, 열흘의 휴가를 얻어 영국으로 갔다. 그리고 그곳에 세계 최초로 개설된 어린이 호스피스인 헬렌 하우스(Helen House)를 방문했다.

헬렌 하우스는 1982년 영국의 옥스포드에 지어졌다. 그로부터 4년 전, 젊은 영국인 부부 리처드 워스윅(Richard Worswick)과 재클린 워스윅(Jacqueline Worswick) 사이에 헬렌이라는 2살 넘긴 딸이 있었다. 헬렌은 태어나서 얼마 동안은 건강했지만 어느 날 몸 상태가 이상해서 검사를 받았다. 뇌종양이었다. 이후 수술을 받았지만 중증 장애를 가지게 되어 침대에서 일어나지 못했다. 의사는 회복할 가망이 없다고 했다.

절망하는 부부를 곁에서 지켜보기 힘들었던 한 지인이 전직 간호사였던 프랜시스 도미니카(Frances Dominica Ritchie) 수녀를 소개해주었다. 부부는 지푸라기라도 잡는 심정으로 프랜시스 수녀에게 연락하여 현재 상태를 털어놓고 도와달라고 부탁했다. 프랜시스 수녀는 병원으로 찾아와서 부부를 만났다.

반년 후, 부부는 헬렌을 집으로 데리고 돌아갔다. 얼마 남지 않은 시간을 가족끼리 의미 있게 보내는 것이 좋겠다는 의사의 재택의료 권고를 받은 것이다. 그렇게 부부 둘이서 헬렌을 돌보게 되었는데, 이는 상상 이상으로 힘들었다. 침대에서 움직일 수 없는 헬렌을 부부가 돌아가며 계속 살펴야 했고, 병세도 안정되지 않아 어떻게 대처해야 하는지 모르는 일이 자주 발생했다. 부부는 잠시도 쉴 틈이 없었고, 서로 부딪치는 일이 잦아졌다. 가정은 붕괴 직전의 상태였다.

그러던 어느 날, 부부의 상황을 안 프랜시스 수녀가 주말에는 자신이 헬렌을 돌보겠다고 제안했다. 호의를 받아들인 부부는 일주일에 2, 3일 동안 헬렌을 맡기고 그동안 집안일을 하거나 둘째 딸과 시간을 보냈다. 마음의 여유가 생긴 부부는 헬렌에 대해 지금보다 소중하게 생각하게 되었다. 무너져가던 부부 관계도 다시 회복되었다.

프랜시스 수녀는 그런 부부의 모습을 보면서 다른 난치병 아이들의 가족들도 같은 갈등을 겪고 있을 거라고 생각했다. 그리고 1980년, 부부에게 힘들어하는 부모들을 지원하는 시설을 만들고 싶다고 제안했다. 그 경험을 한 부부는 적극 찬성했다.

프랜시스 수녀는 곧바로 시설 설립을 위한 준비에 들어갔다.

그리고 2년 넘는 준비 끝에 헬렌 하우스를 설립했다. 헬렌의 이름을 따서 만든, 세계 최초의 어린이 호스피스였다.

한편 다타라는 일본에서 메일만 보냈을 뿐 제대로 알아보지 않고 영국에 방문한 결과, 욕실도 화장실도 없는 방에 묵게 되었다. 프랜시스 수녀는 이 일본인 의사를 딱하게 여겨 헬렌 하우스의 가족용 숙박 시설에 묵게 했다. 다타라와 프랜시스 수녀의 첫 만남이었다.

벽돌 담장에 둘러싸인 헬렌 하우스는 시설이라기보다는 저택 같았다. 부지 내에는 초목이 무성했고 아름다운 정원이 펼쳐져 있었다. 고급 호텔이 무색할 정도로 멋진 거실과 넓은 침실까지 있었다. 난치병 어린이와 가족을 위해 이렇게까지 할 수 있다니, 헬렌 하우스를 실제로 본 다타라는 놀라움을 금치 못했다.

프랜시스 수녀는 다타라에게 말했다.

"여기는 아이들이 죽으러 오는 곳이 아니라 살기 위해 오는 곳입니다. 직원들도 아이들에게 친구로 다가가지요. 아이들을 환자가 아니라 한 사람의 인간으로 존중하는 것이 중요해요."

다타라는 헬렌 하우스 구석구석을 살펴봤다. 건물 안에는 공작실이나 게임을 할 수 있는 컴퓨터실, 영화를 볼 수 있는 시청각실 등이 있었다. 또 놀이도구부터 식기까지 모두 아이들의 키에 맞게 놓여 있었다. 욕실은 가족이 함께 들어갈 수 있을 만큼 넓었다. 다타라는 이곳의 모든 것이 아이들을 위해 설계된 것에 크게 감동했다.

또 간호사, 보육교사, 놀이방 직원 등 다양한 직종의 전문가가 상주하면서 아이들의 컨디션을 살피고, 하고 싶은 것은 무엇이든지 하게 했다. 게임을 좋아하는 아이부터 밖에서 노는 것을 좋아하는 아이, 가족과 함께 시간을 보내고 싶어 하는 아이까지, 누구나 마음 편하게 지낼 수 있었다.

그런데 한 가지 의외였던 것은 상주하는 의사가 없다는 점이었다. 병원처럼 의료장비나 약을 많이 갖춘 것도 아니었다. 이유를 물었더니 응급 시 병원에 요청할 수 있는 설비는 갖추고 있지만 보통 2, 3일에 한 번씩 의사가 왕진을 올 뿐이라고 했다. 여기에는 헬렌 하우스 나름의 의도가 있었다. 아이들이 아이답게 놀 수 있는 공간으로 만들기 위해 의도적으로 의료와 분리한 것이다.

헬렌의 어머니 재클린 워스윅이 쓴 책에는 이곳을 실제 이용한 아이의 이야기가 나온다.

헬렌 하우스에 도착하면 어떤 방에도 들어갈 수 있어요. 지금 제가 있는 곳은 '버드나무'라는 이름이 붙은 방이에요. 벽에는 귀여운 글씨체로 '안녕 수전'이라고 쓰여 있어요. 방문 밖으로 나가는 것도 자유입니다. (……) 헬렌 하우스는 8개의 거실이 있고, 2개의 화장실과 욕실이 있습니다. 월풀욕조에서는 더운물과 거품이 나와요. 또 몇백 권이나 되는 책으로 가득한 방도 있습니다. 많은 오디오북과 음악 테이프, 비디오도 있어요. 당신이 원하는 것이 있으면 준비해줍니다. 좋아하는 음악을 듣거나 영상을 보기 위한 TV와 레코드도 있습니다. (……) 심심할 때는 뜨개질이나 게임을 하거나, 그림을 그릴 수도 있습니다. 침대 위에서 아침을 먹을 수도 있고 티타임에는 초콜릿 케이크도 먹을 수 있어요. 비즈 쿠션도 있답니다. 호텔 같은 곳이에요. 가보면 정말 좋을 거예요.

　- 재클린 워스윅, 『헬렌이라는 집(A House called Helen)』 중

다타라는 말한다.

"일본에서 난치병 어린이는 밖으로 나가는 것을 주저합니다. 소아암 어린이는 감염증 예방을 위해 사람이 붐비는 곳에 가는 것을 망설이고, 식사도 익히지 않은 것은 먹지 않습니다. 중증 심신 장애아의 경우도 마찬가지입니다. 인공호흡기를 달고 있어서, 정기적으로 가래 흡인을 하지 않으면 안 돼서, 언제 발작을 일으킬지 몰라서 등과 같은 이유로 외출을 어려워합니다.

하지만 헬렌 하우스 같은 곳이 있다면 이러한 고민에서 해방될 수 있겠더군요. 전문가가 지켜보는 가운데 아이는 아무 걱정 없이 마음껏 놀 수 있었어요. 부모도 아이를 맡기고 쉴 수 있었지요. 가족 모두가 난치병이란 굴레에서 벗어날 수 있었습니다.

당시 저는 이런 공간을 실제로, 그것도 병원과 분리된 곳에 만들 수 있다는 것에 충격을 받았습니다. 가장 놀랐던 것은 연

　　　　　　　　　　　　　어린이 호스피스의 기적

간 150만 파운드(당시 환율로 3억 엔)의 운영비를 전부 사회로부터 지원받아 꾸려간다는 것이었습니다. 영국 사회의 숭고한 정신에 큰 감동을 받았습니다.

흥분이 가라앉지 않은 저는 현지 사람들에게 어린이 호스피스의 의의에 대해 물었습니다. 그러자 한 사람이 제게 되묻더군요. 어째서 일본에는 이런 시설이 존재하지 않느냐고요."

헬렌 하우스는 난치병 어린이가 존엄하게 살아갈 수 있는 생명줄이었다. 이것이 없다는 것은 아이들의 인권을 빼앗고 있는 것이나 마찬가지라고 생각해서 그렇게 되물었던 것이다.

또 이곳은 평의회에 의해 운영되었는데, 의료인 외에도 회계사, 변호사, 교사 등 다양한 직종의 사람이 있었다. 그들은 넓은 시야에서 가족을 지원하고자 했다.

다타라는 열흘간의 영국 연수를 끝내고 일본으로 돌아왔다. 그러나 다시 병원에서 진료를 하면서도 머릿속에는 영국에서의 일로 가득했다.

그는 아이의 존엄을 지키려면 소아 완화의료를 시행해야 한다고 생각했다. 그러나 당시 일본에는 그럴 만한 시설은커녕 소아과 의사조차 거의 없는 상황이었다.

그렇다면 자신이 완화의료를 배워서 알린다면 살날이 얼마 남지 않은 아이들이 의미 있는 여생을 보내는 데 보탬이 될 것 같았다. 이런 생각을 헬렌 하우스의 직원에게 상담했더니, 영국 카디프 대학교(Cardiff University) 대학원에 가장 오랜 역사를 지닌 완화의료 인정 의사 육성코스(디플로마 코스)가 있고, 거기에서 소아 완화의료를 선택할 수 있다는 것을 알려주었다. 해외 학생도 적극적으로 받아들인다고 했다.

다타라는 그곳으로 유학 가기로 마음먹고 모자보건센터 시절의 상사이자 영국 유학 경험이 있는 후지무라 마사노리에게 상담했다. 그는 다타라의 결심을 응원하며 기꺼이 추천서를 써주었다. 그로부터 반년이 지난 봄, 다타라는 다시 영국으로 건너갔다.

영국에서의 시간은 정신없이 지나갔다. 다타라는 런던과 리버풀의 어린이병원에서 일하면서 대학원의 통신교육을 듣고 리포트를 쓰며 충실하게 생활했다.

일본에서는 완화의료라는 말조차 거의 쓰이지 않았기 때문에 다타라는 그곳에서 배우는 모든 것이 신선했다. 완치를 목표로 하는 치료에서 완화의료로 전환할 때 환자에게 설명하는 방법, 말기 환자에 대한 진통제 사용법, 재택의료를 원하는 환자에 대한 돌봄……. 매일 의료의 개념을 완전히 다시 쓰는 듯했다.

다타라는 유학 시절을 이렇게 회상한다.

"영국에 가서 느낀 것은 완화의료를 하는 의사들의 실력이 매우 뛰어나다는 것이었습니다. 의료진 모두가 풍부한 경험을 가지고 있는 것은 물론, 시설과 약도 잘 갖춰져 있었습니다. 이는 영국의 의료체제에 그 이유가 있었습니다.

영국의 완화의료 전문의는 복수 시설에서 일하면서 많은 환자를 볼 수 있는 구조입니다. 게다가 완화의료를 하고 싶다면 먼저 성인 완화의료를 배워야 합니다. 어린이보다 성인의 사망률이 압도적으로 높기 때문에 필요한 경험을 쌓을 수 있습니다. 병의 종류나 약의 양 등 차이는 있지만 얼마든지 참고가 될 수 있지요.

하지만 일본의 경우 의사는 특정 병원에서 일하며 경험을 쌓아야 합니다. 따라서 소아 완화의료를 하려면 어린이병원에서 일해야 해요. 그런데 아까 말했듯 난치병으로 목숨을 잃는 아이의 수는 그렇게 많지 않습니다. 도시의 대형병원이라 해도 1년에 손에 꼽을 정도이지요. 이 때문에 소아 완화의료 기술을 익히려고 해도 평생 걸려도 부족합니다."

한 가지 더 눈여겨볼 점이 의료 시스템의 차이였다. 영국의 의료는 세금에 의해 운영되는 국영 시스템이었다. 병원 경영이 나라의 세금으로 이루어지고 있어 국민은 많은 세금을 내는 대신 일정 수준의 의료 혜택을 누구나 무상으로 받을 수 있었다. 소아암의 경우 전국에 17개의 전문병원이 있어 그중 어디를 가더라도 거의 같은 수준의 의료가 제공되었다.

반면 일본의 의료 시스템은 사회보험에 의해 운영되고 있었다. 병원은 치료를 하면 할수록 점수에 따라 높은 수익을 얻는 구조였다. 따라서 많은 병원이 난치병 치료를 시행하기 때문에 환자가 분산되고, 하나의 병원만으로는 의사가 기술을 쌓을 정도가 되지는 못했다.

완화의료의 정의는 '말기 환자에게 진통제를 투여하여 통증을 완화한다'는 것이지만, 그것은 그리 간단하지 않다. 사람에 따라 약을 다르게 써야 하기 때문이다. 호흡곤란이나 경련에 의한 고통을 억제하는 것도 있고, 서서히 죽음을 맞이할 수 있도록 영양분이나 수분 공급을 조절하는 것도 있다. 이러한 기술을 습득하기 위해서는 경험하는 수밖에 없다.

"영국에 가서 또 느낀 점은 집에서 죽음을 맞이하는 아이들이 많다는 것이었습니다. 현재 자택에서 마지막을 맞는 일본의 소아암 환자는 10에서 20퍼센트 정도입니다. 나머지는 병원 침대에서 죽지요. 하지만 영국에서는 소아 진행암(2기~4기 중 여러 치료법을 병합하여 암의 진행을 억제할 수 있는 단계) 환자의 80퍼센트가 집에서 가족이 지켜보는 가운데 숨을 거둡니다.

이것이 가능한 이유는 영국에는 자택에서 아이를 간호할 수 있는 환경이 갖춰져 있기 때문입니다. 집에서 가족들이 아이들을 돌보는 것은 결코 쉬운 일이 아닙니다. 마지막 한 달 정도는 통증이 극심하여 섬망이나 호흡곤란이 일어나기도 하지요. 이에 대처하려면 24시간 유지되는 지역사회 통합 돌봄(Community Care) 시스템이 있어야 해요. 재택의료를 하는 의료인은 높은 기술을 가지고 있어야 합니다. 영국은 이것이 갖춰져 있기 때문에 집에서 죽음을 맞이하는 것이 가능한 것입니다."

영국을 비롯한 유럽의 소아의료는 일찍이 재택의료로 전환했다. 1988년 '병원의 어린이 유럽 협회(European Association for Children in Hospital, EACH)'가 발표한 헌장에는 "입원이 불가피한 경우를 제외하고는 병에 걸린 아이들이 가족들과 함께 지낼 수 있도록 배려해야 한다."라고 나와 있다. 이에 따라 재택의료 시행에 많은 예산을 할당하고 각 지역에 전문 방문 간호팀을 배치해 난치병 어린이들이 정성 어린 간호를 받도록 했다.

또한 대형병원의 전문가와 지역에서 일하는 의료인이 365일 24시간 언제라도 협업하는 시스템을 갖췄다. 가령 소아암의 경우 소아암 전문 파견 간호사를 육성하여 그 사람이 지역 의료인과 협력하여 아이들의 재택의료를 시행하도록 하는 것이다. 이처럼 국가, 지역사회, 병원이 유기적으로 맞물려 아이와 부모를 지키고 있었다. 헬렌 하우스는 영국의 이러한 재택의료 시스템이 있어 존재할 수 있었다.

다타라는 이어 말한다.

"영국 유학 때 실감한 것이 종합적인 지원의 필요성이었습니다. 치료, 간호, 호스피스 완화의료가 한 방향을 향해 나아가지 않으면 진정 아이와 가족을 지원한다고 할 수 없습니다. 일본에는 아쉽게도 이러한 의식이 없었지요."

다타라가 유학을 마치고 완화의료 인정 의사 자격을 취득했을 때, 그의 눈에는 일본 소아의료가 가야 할 방향이 명확히 보였다. 병원에 완화의료를 도입해서 보급함과 동시에 다각적인 지원과 호스피스 설립의 필요성을 호소해야 했다. 이런 생각을 품고 귀국을 결정한 다타라에게 후지무라의 연락이 왔다.

"우리 병원에 돌아와서 다시 일해보지 않겠나? 이번에 완화의료를 제대로 한번 시행해보려고 하는데, 자네가 영국에서 배운 것을 여기에서 펼쳐줬으면 하네."

일본 유수의 어린이 전문 병원에서 완화의료를 해볼 수 있다니, 더할 나위 없이 좋은 제안이라고 생각한 다타라는 예전의 직장으로 돌아가기로 했다. 그러나 그런 다타라를 기다리고 있던 것은 일본 소아의료의 거대한 벽이었다.

대학병원의
한계

한편 1999년 한다이 병원에 돌아와 강사가 된 하라는 WHO 가 발표한 가이드라인을 일본 의료현장에 구체적으로 적용할 방법을 모색했다. 이제까지 1년여에 걸쳐 공부 모임을 진행해 오면서 앞으로의 목표는 명확해졌지만, 의료현장을 본격적으로 개혁하려면 대학병원의 구조 자체를 바꿔야 했다. 치료에 대한 의사의 의식 개혁, 면회시간 및 24시간 간호 등의 규칙 개정, HPS나 의료사회복지사 고용 등 앞길에 과제가 산적해 있었다.

문제는 하라가 개혁을 외쳐도 현장의 의료인들은 방대한 업무량 때문에 새로운 일에 착수할 여력이 없다는 것이었다. 하라의 뜻에 공감하는 사람도 일부 있었지만, 쓸데없는 짓을 해서 혼란을 부추기지 말았으면 하는 것이 대다수의 본심이었다. 하라도 이런 사정을 잘 알고 있었기 때문에 무리하게 일을 추진하기보다는 이해해주는 사람을 조금씩 늘려가려고 했다. 그러나 그러는 동안 난치병 아이들은 원망 어린 눈으로 차례차례 하라의 앞에서 죽어갔다.

2000년 3월, 하라는 한 유족으로부터 이러한 문제에 대한 불만을 직접 듣게 되었다. 그날은 교토(京都)에서 일본 소아암 학회(현 일본 소아혈액·암학회)의 학술대회가 열린 날이었다. 동료들과 참가한 하라는 최신 연구보고를 듣고 오랜만에 타 병원 선생들과 만나 의견을 나누었다. 학회가 끝나고 간담회장으로 향하려는데 한 여성이 하라에게 말을 걸어왔다.

"하라 선생님! 하라 선생님 아니신가요?"

안도 데루코였다. 이 학회에 의료인뿐 아니라 일반 환자를 위한 프로그램도 있어 지인과 함께 참가한 차였다.

"오랜만입니다. 그동안 잘 지내셨습니까?"

하라는 미소를 지으며 답했지만 마음 한구석이 불편했다. 유족 입장에서 자신은 아이에게 가혹한 치료를 받게 한 끝에 결국 죽음에 이르게 한, 실력 미달의 의사였기 때문이다. 하라는 안도에게 미움을 받아도 어쩔 수 없다고 생각했다.

"선생님, 병원 일로 잠시 말씀드리고 싶은 게 있는데, 시간 좀 내주실 수 있으신가요?"

"알겠습니다. 자리를 옮기실까요?"

카페에 가서 안도가 꺼낸 말은 아들이 한다이 병원에 입원해 있었을 때 느낀 불만과 문제점이었다. 간호사의 힘이 강해서 환자 가족에게 고압적인 태도를 보였던 점, 연수의가 많은 대학병원이라 의료 실수가 많이 발생했던 점, 지금의 말기 의료에 대해서 환자 가족이 불만을 가지는 점, 아이가 죽은 후에도 부모나 형제가 심리적 부담을 계속 껴안고 있는 점 등이었다.

안도는 이렇게 학회에 참가하거나 스스로 공부해가면서 일본의 소아의료를 둘러싼 각종 문제가 환자나 가족에게 부담을 주고 있다는 것을 깨달았고, 여기에 귀를 기울여줄 상대를 찾고 있었다.

"그런 일이 있었습니까……."

"한다이 병원은 바뀌어야 해요. 솔직히 말해서 환자와 가족들은 병원을 불신하고 있어요. 물론 저희는 전문가가 아니니까 오해하고 있는 부분도 있겠지요. 하지만 환자의 솔직한 의견을 전달할 수 있는 장을 만들고 선생님들도 그 의견에 귀를 기울이지 않으면 상황은 바뀌지 않아요. 그런 의미에서, 부모회 같은 것이 있으면 어떨까요?"

"부모회요?"

"네. 병원에 환자 부모로 구성된 모임을 만드는 겁니다. 그럼 부모들이 간호사에게 속마음을 전달하기도 수월할 테고, 고민 상담을 할 수 있는 자리도 마련할 수 있어요. 병원에도 좋은 일이라고 생각합니다."

하라는 어쩌면 이걸 기회로 대학병원을 개혁할 수 있을지도 모른다고 생각했다. 의료인이 내부에서 시도하는 것은 어려워도 이렇게 외부의 목소리가 커진다면 가능한 일이었다.

"괜찮은 생각인 것 같습니다. 그 모임을 만드신다면 저도 있는 힘껏 돕겠습니다."

이를 계기로 안도는 병동에서 알게 된 지인들과 함께 효고현에 있는 클리닉을 거점으로 한 에스-관리국(Es-Bureau)이라는 NPO 법인을 발족했다. 의사, 간호사, 환자, 가족이 하나의 네트워크를 구축하여 상호 이해와 의료 환경 개선을 도모하는 것을 목적으로 한 단체였다.

또 이 단체는 기관지《크라이스(Kreis)》를 창간해 병이나 치료법에 대한 의사의 해설, 환자 및 부모의 체험기, 보육교사와 자원봉사자의 목소리를 전하고 교류회 등도 열었다.

하라는 창간호에서 '보다 나은 의료를 실현하기 위해'라는 제목의 글을 기고했다. 다음은 글의 일부를 발췌한 것이다.

최근에는 소아암(백혈병도 포함)의 치료율이 향상되어 현재 미국에서는 20세부터 29세의 1000명 중 1명은 소아암 생존자라고 합니다(일본의 데이터는 없지만 아마 큰 차이는 없을 것으로 생각됩니다). 따라서 신체와 심리 치료는 물론 치료 후 돌봄(After Care)이 점점 더 중요해지고 있습니다. 또한 동시에 환자의 부모나 형제에 대한 지원도 큰 과제입니다. 이러한 과제를 해결하기 위해서는 의사, 간호사 외에 임상심리사, 사회복지사가 필요합니다. 이들은 환자와 의료인 사이를 연결하는 사람들입니다. 나아가 환자를 학교와 사회로 이어주지요. 그러나 일본에는 이와 같은 사람들이 근무하고 있는 병원은 거의 없습니다. 한다이 병원도 예외가 아닙니다. 이러한 방대하고 중요한 지원이 한다이 병원에서 충분히 이루어지고 있느냐고 묻는다면, 유감스럽게도 그렇지 못합니다.

하라는 이 기관지가 병원 관계자나 환자에게 배부되는 것을 알고 병원 개혁의 필요성을 주장했다. 그 나름의 도전장이라고 할 수 있었다.

그러나 하라도 안도도 결코 병원과 정면으로 부딪칠 생각은 없었다. 어디까지나 이런 기관지 등을 통해서 소통하며 건설적인 미래를 논의해갈 생각이었다.

안도도 하라가 주최하는 공부 모임에 참석했다. 그에 따르면 당시에는 '정신종양학(Psycho-oncology) 공부회'라고 불렸다고 한다. 정신종양학은 병이 환자나 가족 등 주위에 미치는 정신적 영향이나 사회 문제를 밝히고 그에 필요한 지원을 생각하는 학문으로, 1980년대에 확립되었다.

안도는 회상한다.

"하라 선생님은 한다이 병원 내에서 구름 위에 존재하는 것 같은 대단한 분이었습니다. 그런 분이 저희 환자가 있는 곳까지 내려와서 이야기를 들어주시고, 병원을 바꾸려고 생각하신 것은 무척 큰 영향을 미쳤지요. 모임에는 의료 관계자뿐 아니라 학대당한 아동의 심리와 회복을 전문으로 다루는 니시자와 사토루 선생님도 계셨습니다. 난치병 어린이의 어머니가 돌봄으로 인해 정신적으로 피폐해지는 경우가 있어 그런 쪽의 논의도 이루어졌습니다.

병원 내부에서 병원을 개혁하는 것은 쉽지 않은 일입니다. 하지만 모임을 통해서 여러 분야의 의견 교류가 활발해지면, 저희의 목소리도 더 잘 전파되리라 생각했습니다. 활동을 계속한다면 반드시 병원을 바꿀 수 있을 것 같았습니다."

하라 주위의 다른 사람들도 상황이 진척을 보이는 느낌을 받았다고 했다.

2001년, 하라의 운명을 크게 바꾸는 일이 일어났다. 오사카대학 의과대학의 소아과학교실(현 오사카대학 대학원 의학계 연구과 정보 통합의학 소아과학강좌) 교수의 퇴직으로 생긴 공석을 두고 교수 선발 전형이 열린 것이다.

일본의 대학병원은 교수를 정점으로 한 권력의 피라미드가 형성되어 있었다. 연수의, 조교, 강사, 조교수로 올라가는 시스템이었다. 교수는 각 교실(강좌)에 1명씩 있고, 동 대학 의과대학의 50명 이상이 있는 교수회에서 투표를 통해 결정된다. 한번 취임하면 원칙상 정년퇴직까지 신분이 보장되기 때문에 투표 결과에 따라 소아과의 방향성이 결정되는 상황이었다.

공모와 동시에 소아과학교실에 속한 많은 의사가 후보로 등록했다. 소아과에는 하라와 같이 암을 전문으로 하는 의사도 있었고, 감염증이나 알레르기, 호흡기를 전문으로 하는 의사도 있었다. 여러 연구 그룹의 리더 격에 해당하는 의사가 주변의 추천을 받아 후보에 오르는 형식이었다. 만약 리더가 교수가 되면 그 그룹은 소아과 내에서 큰 권력을 가지게 되었다. 하라도 자신이 속한 혈액종양 그룹의 멤버에게 추천을 받아 후보에 이름을 올렸다.

하라는 서류 전형을 통과해 3명의 최종 후보 중 하나가 되었다. 그러나 이 3명의 경쟁에서 탈락하면 장래 교수가 될 가능성은 사라졌다. 경우에 따라서는 대학을 떠나야 할 수도 있었다.

하라는 이미 소아암 분야에서는 누구나 알고 있는 존재였다. 내부뿐 아니라 외부에서도 하라의 당선을 기대하는 목소리가 높아져갔다. 특별한 일이 없는 한 하라가 당선될 것이라고 공언한 사람도 있었다.

안도 역시 하라가 꼭 당선되기를 바란 사람 중 하나였다. 하라가 교수가 되면 어린이병동의 구태의연한 체제를 바꾸고 이제까지 논의해온 것을 실현할 수 있기 때문이었다. 안도는 당선을 바라며 말했다.

"선생님, 제가 도울 수 있는 것이 있으면 뭐든지 하겠습니다."

"최선을 다했으니 나머지는 운에 맡깁니다."

하라는 담담하게 대답했다.

최종 투표가 진행된 날 저녁, 안도는 딸과 함께 저녁을 먹고 있었다. 관계자에게서 하라와 기초의학연구를 전문으로 하는 의사의 일대일 승부가 될 것이라는 말을 들었지만, 연배로 보나

대학에 적(籍)을 두고 있던 기간으로 보나 하라가 위이기 때문에 그가 유리할 것이라 생각했다. 그러나 식사가 거의 끝날 무렵 하라에게 전화가 왔다.

"투표가 끝났습니다. 떨어졌습니다."

기초의학연구 전문의가 당선된 것이다. 교수에 당선되려면 다른 교수들과의 관계가 어떠한지도 영향을 미치는데, 하라의 정치적 수완이 부족했기 때문에 낙선한 건지도 몰랐다. 안도는 앞으로 의료현장의 개혁은 암초에 부딪칠지도 모른다고 생각했다.

"이제 어떻게 하실 생각이신가요?"

"당분간은 병원에 남겠지만, 앞으로의 일은 이제부터 천천히 생각해보려고 합니다."

하라는 자신의 진로 외에도 자신이 이끌고 있던 연구 그룹 멤버들의 장래도 생각해야 했다.

"그렇습니까……. 앞으로도 계속 응원하겠습니다."

안도는 하라를 격려하는 것밖에 할 수 없었다.

3년 후, 하라는 오랜 기간 근무해온 한다이 병원을 퇴직했다. 교수 선발에서 떨어진 후 조교수가 되었지만 할 수 있는 것에 한계가 있었고, 후배들의 입장도 고려하여 미련 없이 그만두기로 결정한 것이다.

후에 하라는 우스갯소리로 "돈을 더 주니까."라고 이직한 이유를 댔지만, 당연히 진심이 아닐 것이다. 마음에 품고 있던 개혁을 이루지 못한 채 애착이 있던 병원을 떠난 것은 하라의 본의가 아니었다. 대신 하라는 새로운 병원에서 의료체제를 철저히 재검토하게 되었다. 드디어 목표를 향하여 달리기 시작한 것이다.

오사카 시립
종합의료센터의
변화

오사카시 미야코지마(都島)구에는 간선도로가 동서를 관통하듯 지나고 있다. 상업지구인 우메다(梅田)로 직결되기 때문에 도로를 따라 오피스빌딩과 레스토랑, 은행 등이 빼곡히 있고, 밤낮없이 차가 다니는 곳이다.

오사카 시립 종합의료센터(Osaka City General Hospital, 이하 오사카 의료센터)는 미야코지마역에서 도보 3분 정도의 거리에 있다. 1993년 5개의 어린이 전문 시립병원을 재편하여 만든 이 센터는 18층 건물에 2000명이 넘는 직원이 있는 종합병원이다. 어린이 및 성인 완화의료를 비롯한 24개의 진료과와 응급의료센터가 있다. 병상도 1000개가 넘는다. 이곳의 전신이 어린이 전문 병원인 만큼, 설립 때부터 소아의료의 수준이 높다고 정평이 나 있었다.

하라 준이치가 한다이 병원을 떠나 이 센터로 온 것은 2005

년 봄이었다. 센터는 소아암 치료 체제를 끌어올리기 위해 하라를 특별히 발탁했다. 이곳에 와준다면 소아혈액종양과를 창설하여 책임자로 삼겠다는 뜻도 전했다.

하라는 당시 병원장과 소아과 부장의 권유도 있었고, 교수가 될 가능성도 사라졌기 때문에 이 제안을 흔쾌히 받아들였다. 또 언젠가 자신이 있던 한다이 병원의 혈액종양 그룹의 멤버들도 부를 수 있을 것 같았다.

4월에 이곳의 소아혈액종양과 부장이 된 하라는 곧바로 어린이병동을 둘러보았다. 수준은 평판대로 높은 편이었지만, 규칙이나 환경이 환자의 눈높이에 맞춰져 있지 않다는 것을 알게 되었다.

가령 면회시간은 오후 3시부터 7시까지였는데, 부모만이 방문할 수 있었다. 그러나 이 센터의 보호자들은 대학병원 보호자들에 비해 맞벌이가 많아서 면회시간을 맞추기 어려웠다. 면회를 위해 휴가를 내거나 일을 그만두어야 하는 부모도 있었다.

입원 기간도 평균 40일로 선진적인 병원과 비교하면 긴 편이었다. 병원 입장에서는 환자가 입원해 있어야 관리하기가 쉽고 응급 시에도 수월하게 조치할 수 있었다. 그러나 아이들은 되도록이면 집에서 지내고 싶어 했다.

또한 입원 생활에도 세세한 규칙이 많았다. 대표적인 게 식사시간이 엄격히 정해져 있는 것이었다. 아이들 중에는 식욕이 돌아오지 않거나 체력이 떨어져서 잠드는 경우도 있는데, 이러한 것을 고려하지 않고 시간이 지나면 식사를 치워버렸다.

이는 전신 병원에서부터 이어져온 규칙이었지만, 이상적인 전인치료를 지향하는 하라에게는 시대착오적인 악습으로 여겨졌다. 병원 환경을 좀 더 입원 중인 아이들의 눈높이에 맞춰야 했다. 그는 곧 규정 개혁에 착수했다.

하라는 말한다.

"이 센터에서 저는 낡은 규정들을 시대에 맞게 바꿔나갔습니다. 보호자는 24시간 면회할 수 있게 했고, 환자의 식사 시간을 제한한 것도 완화했습니다. 입원 기간은 자택이 병원에서 1시간 거리 안에 있는 것을 조건으로 기존 기간의 4분의 1에 해당하는 10일 정도로 줄였습니다. 1시간 거리로 제한을 둔 이유는 자택에서 병세가 급변했을 때 바로 입원이 가능하도록 하기 위해서였습니다.

모든 것은 아이들과 부모님들의 부담을 줄이는 것이 목적이었어요. 난치병 치료는 길게 봐야 하기 때문에, 병원 체제를 반드시 장기 지원의 관점에서 정비해야 했습니다."

하라는 센터에 근무하는 한 사람 한 사람의 역할을 확대하는 것도 잊지 않았다. 특히 간호사는 3년여 전 간호부에서 명칭이 바뀌면서 제한되어 있던 정맥주사도 놓을 수 있었는데, 이를 고려해 간호사를 적극적으로 치료에 참여하게 함으로써 더 큰 권한과 책임을 부여했다.

또한 센터에 생기기 시작한 의료사회복지사와 자원봉사자가 일하기 편한 환경을 만들기 위해 힘썼다. 지금까지 행해지던 수직적인 소통 구조가 아니라 각자에게 권한을 부여해 현장의 시선으로 환자와 가족들을 대할 수 있도록 한 것이다.

그 일환이 어린이병동의 보육교사 증원이었다. 이전까지는 한 사람이 4개 병동을 담당하고 있었으나, 아이들을 더 잘 돌보기 위해 한 병동에 1명씩, 총 4명의 보육교사를 고용했다.

이때 모집을 보고 센터에 찾아온 사람이 2장에 나온 야마지리에였다. 병동 하나를 맡은 야마지는 현장에 투입되고 나서, 이 센터가 의료수준은 높지만 아이들의 마음까지 어루만지지는 못한다는 걸 느꼈다.

대표적인 것이 놀이방의 수준이었다. 병동 한구석에 있던 놀이방에는 장난감과 책 몇 개가 덩그러니 놓여 있었다. 소파를 제외하곤 테이블이나 의자도 없었다. 아이들이 이곳을 이용하고 있는 것 같지도 않았다. 병원 측에 테이블이 없는 이유를 물어봤더니, 아이들이 넘어졌을 때 부딪치면 위험하기 때문이라는 답을 들었다.

그러나 놀이방은 입원 중인 아이들에게 몇 안 되는 휴식 공간이었다. 특히 아이들은 이곳이 즐거운 곳인지 아닌지 한 번 와보고 직감적으로 판단하기 때문에, 더욱 아이들의 눈높이에 맞춰 공간을 꾸며야 했다. 야마지는 아이들이 자주 와서 놀 수 있도록 놀이방을 바꿔나갔다. 장난감과 그림책도 더 구비하고 싶었지만 예산이 충분치 않았기 때문에 월 2회 찾아오는 자원봉사자들과 논의하여 환자의 가족이나 지인에게 사용하지 않는 것을 기증받기로 했다.

야마지는 특히 놀이방의 벽면을 계절의 흐름에 따라 꾸미는 데 공을 들였다. 오랜 시간 입원해 있는 아이들은 대부분 병원 안에서만 지내기 때문에 바깥의 정취를 느낄 수 없었다. 그래서 크리스마스나 정월이 되면 아이들과 종이접기를 하거나 그림을 그려서 벽에 장식했다.

아이들은 자신의 작품이 걸려 있는 벽을 보며 몇 번이고 놀러 오고 싶어 했다. 자신이 만든 것이라고 주변에 자랑하기도 했다. 어느새 놀이방은 아이들의 휴식 공간으로 새로 태어났다.

야마지는 말한다.

"현재는 1년에 세 번 2만 엔씩, 총 6만 엔의 예산이 배정되어 있지만 처음에는 더 제한적이었습니다. 그래서 기증받는 것에 그치지 않고 제 급여로 놀이도구를 구매하기도 했어요. 병동에 장난감을 두려면 여러 제한이 있습니다. 솔방울이나 도토리 등 자연에서 나는 재료로 만든 것들은 감염증 우려가 있어 사용이 금지되어 있습니다. 먼지 나는 것들도 같은 이유로 조심해야 합니다. 이는 영국에서도 배웠지만 일본의 상식이나 규칙과 조금씩 달랐기 때문에 의사나 간호사에게 확인하기도 했습니다."

야마지가 보육교사로 채용된 것은 당시 일본의 의료체제 안에 아직 HPS라는 직업이 없었기 때문이다. 그러나 그는 이 센터에서 그 역할을 적극적으로 완수했다. 놀이 하나를 하더라도 단

놀이방 '두근두근 방'

순한 시간 때우기가 아니라 의료와 결부시키려고 노력했다.

가령 수술을 앞둔 아이들은 정서가 불안정해져 주위 사람에게 화를 내거나 혼자 병실에 틀어박히는 경우가 있었다. 야마지는 그런 변화를 감지하면 아이에게 아이론 비즈를 하자고 말을 건넸다. 다양한 색상의 비즈를 전용 판에 하나씩 늘어놓은 뒤 다리미질로 달라붙게 해 그림을 완성하는 놀이였다.

야마지가 수술 전에 이 놀이를 권한 이유는 아이들이 만드는 데 집중하게 함으로써 불안을 가라앉히기 위함이었다. 또 완성한 작품은 수술 성공을 기원하는 행운의 부적으로 삼을 수도 있었다. 이 역시 영국에서 배운 것이 도움이 되었다.

어린이 호스피스의 기적

야마지는 이어 말한다.

"병원 안에서 아이들은 '착한 환자'가 될 것을 요구받습니다. 고통스러워도 참고, 얌전히 치료를 받고, 불평 없이 먹고 자야 착하다고 여겨졌지요. 하지만 이는 아이들에게 엄청난 스트레스를 줍니다. 병원에 놀이 문화를 뿌리내리고자 한 이유는 아이들에게 아이다운 모습을 되찾아주기 위해서였어요.

저는 병동에 보육교사와 놀이 전문가가 전부 있는 게 좋다고 생각합니다. 아이들과 놀아준다는 점에서 두 직업이 같아 보이지만, 보육교사는 병실과 놀이방에서 아이들을 만나 안정감을 주고, 놀이 전문가는 의료에 적극적으로 개입한다는 점이 다릅니다. 이 두 전문가가 함께할 때 비로소 놀이를 통한 지원이 가능해집니다."

오사카 의료센터의 어린이병동에는 야마지가 심은 '놀이'라는 꽃이 조금씩 피어나고 있었다.

두 의사의
만남

하라가 목표로 한 개혁도 성과를 내기 시작했다. 센터 안에서 일어나는 일들이 환자 중심으로 돌아가게 된 것이다. 하라는 이제 완화의료에 주력했다. 그리고 다음 해, 일본 의료계에서 한 가지 중대한 결정이 이루어졌다. '암 대책 기본법'이 제정된 것이다.

지금까지 일본에서는 각 병원이 개별적으로 암 치료를 시행하고 있었기 때문에 병원마다 기술이나 체제에 큰 차이가 있었다. 현장의 의료인들은 그 폐해를 알면서도 병원과 얽힌 이해관계 등의 문제로 정비하지 못하고 있었다.

그러던 중 야마모토 다카시(山本 孝史)라는 국회의원이 법안을 발의하면서 상황은 돌파구를 찾게 됐다. 참의원 의원인 야마모토는 5살 때 형을 교통사고로 잃었다. 이후 대학을 졸업하고 교통사고로 부모를 여읜 아이들을 돕는 육영회에 취직했고, 정치인이 된 후에는 수혈로 인해 감염된 에이즈 문제나 자살 대책 등 의료와 복지제도를 개혁하는 데 힘쓰고 있었다.

2005년, 참의원 재정금융 위원장을 맡고 있던 야마모토는 건강검진에서 중증의 흉선암(thymiccarcinoma)을 진단받았다. 의사에게 치료가 어려운 상태라는 말을 들은 그는 남은 인생을 일본의 암 치료 제도 개혁에 바치고자 결심했다.

그는 다음 해에 위원장직을 사임하고 정체되어 있던 암 대책 기본법 제정을 위한 준비에 착수했다. 그리고 의료계의 이권 다툼에 휘말려 미온적인 논의만 계속하는 국회의원과 관료들에게 자신의 병을 밝히면서 호소했다.

"생명을 지키는 것이 정치인의 일이다!"

암을 고백한 정치인의 외침은 모두의 마음을 움직였고, 이를 계기로 논의에 박차가 가해져 같은 해 암 대책 기본법이 제정되었다.

다음 해인 2007년, 이 기본법에 근거하여 '제1기 암 대책 추진 기본 계획'이 발표되었다. 여기에는 전문의 육성, 암 예방 및 검사 추진, 그리고 각 지역에 암 진료 협력 거점 병원을 선정해 고도의 의료 서비스를 받을 수 있도록 하는 내용이 담겨 있었다. 또 이 거점 병원에 완화의료팀을 설치하는 것이 주요 항목 중 하나였다. 말기 암 환자의 QOL을 높이기 위해서였다.

성인 환자를 위한 거점 병원으로 선정된 센터는 완화의료팀의 수준을 끌어올려야 했다. 그러나 일본에는 완화의료에 대한 전문지식을 가진 의사가 많지 않았다. 적임자를 물색하던 하라는 얼마 전 열린 일본 완화의료 학회에서 다타라의 강연을 들은 것을 계기로 그를 완화의료 공부 모임의 강사로 초청했다.

모임에 참석한 다타라는 의사들 앞에서 영국에서 배운 최신 소아 완화의료부터 앞으로 일본에 필요한 과제에 이르기까지 다양한 주제를 특유의 빠른 어조로 발표했다. 이를 계기로 이 모임에 정식으로 나오게 된 그는 그곳에 있던 의사들로부터 센터가 추진하고 있는 개혁 이야기를 듣고, 자신도 센터에서 일하고 싶다고 생각했다. 마침 다니던 병원에서 한계를 느끼고 있을 때였다.

다타라는 이렇게 회상한다.

"영국에서 돌아온 후 소아 완화의료를 시행할 수 있다고 해서 모자보건센터에 다시 들어갔지만, 아무도 그에 대한 이해가 전혀 없었습니다. 저는 열심히 소아 완화의료의 중요성을 외쳤지만, 상사로부터 '이 병원은 난치병 아이들과 함께 마지막까지 병과 싸우는 곳이니 지금은 완화의료가 필요하지 않다'는 말을 들었습니다. 다시 말해 저 혼자 멋대로 움직이는 건 괜찮지만 다른 의사나 간호사까지 끌어들이지 말라는 뜻이었지요.

일본에서 소아 완화의료 센터는 의사가 포기한 아이들이 가는 곳이라는 오해가 있습니다. 제 상사도 그런 생각을 하고 있었던 것 같습니다. 하지만 절대 그렇지 않습니다. 소아 완화의료는 아이들이 인간답게 살 수 있는 환경을 만들고, 그 아이들이 병에 걸려도 사회에서 살아갈 수 있는 수단입니다. 이러한 인식을 전파하지 못한 데엔 제가 부족한 탓도 있었겠지만, 제가 하고 싶은 것을 좀처럼 할 수 없었던 환경이었던 탓도 분명 있었습니다."

다타라는 소아 완화의료에 대한 지식이 있어도 그것을 발휘할 수가 없었다. 병원에는 WHO가 소아의료에 필요한 최소한의 약으로 정한 내복용 모르핀조차 없었다. 약을 구비해줄 것을 요청해도 약사위원회에서는 필요하지 않다고 일축했다.

이런 시기에 완화의료 공부 모임에 초대받은 다타라는 하라가 실현하고자 하는 이상적인 소아의료에 대해 자연스럽게 공감했다. 하라 역시 다타라가 가진 지식이 필요했기 때문에, 다타라가 함께 일하고 싶다는 얘기를 꺼냈을 때 기뻐하며 말했다.

"자네가 우리 센터에 와서 소아 완화의료를 맡아준다면 정말 고맙겠네. 내가 꼭 도와주겠네."

2009년, 다타라는 정식으로 오사카 의료센터의 완화의료과와 소아내과의 과장을 겸하게 되었다. 소아혈액종양과 부장이었던 하라는 부원장에 취임했다. 모든 준비가 끝났다.

다타라는 당시의 심경에 대해 말한다.

"이 센터는 소아 완화의료를 하기에 최적의 환경이었습니다. 완화의료는 어린이뿐 아니라 성인도 함께해야 하는데, 그 점에서 이곳은 양쪽을 다 진료할 수 있었습니다. 성인 환자에 대해서는 치료 거점 병원이기 때문에 약이나 장비가 충분했고, 환자

쪽에서 완화의료를 희망하는 경우도 있었습니다. 그래서 이 경험을 쌓아 어린 환자에게 적용할 수 있었지요."

이 무렵, 제약회사에서도 완화의료에 필요한 진통제를 속속 판매하기 시작했다. 암 대책 추진 기본 계획이 발표되자 완화의료의 시장이 커질 것으로 예상한 것이다. 그전까지 모르핀 계열의 정제 정도밖에 유통되지 않았는데, 피부에 붙이는 패치형 약을 비롯해 다양한 종류가 나왔다. 치료의 폭이 넓어져 재택의료 전환도 수월해졌다.

또한 다타라는 이곳에 일본 최초로 '어린이 전문 완화의료팀(통칭 어린이 지원팀)'을 결성하여 환자에 대한 통합지원을 시작했다. 통증케어(증상 완화), 정신케어(환자와 가족의 정서 지원), 재택케어(재택의료 지원), 놀이지원(플레이 서비스) 이 4개 영역에서 아이들을 지원하는 것을 목표로 삼았다.

영국의 어린이병원에는 병에 걸린 아이들을 여러 직종의 전문가가 함께 지원하는 어린이 완화의료팀이 있다. 의사, 간호사는 물론, 임상심리사, 사회복지사, 놀이 전문가, 약사, 영양사가 한 팀을 이루어 치료에서 퇴원 후까지 다방면으로 돌본다. 다타라가 센터에 만든 것이 바로 영국에서 배운 어린이 전문 완화의료팀이었다.

지원팀에는 야마지 리에도 있었다. 이 무렵 그는 보육교사가 아닌 HPS로 근무하고 있었다. 일본에서는 아직 많이 알려지지 않았지만 환자뿐 아니라 부모들에게도 큰 도움을 주고 있었다.

이를 상징하는 것이 중학생 딸을 잃은 요시오카 사쿠라(가명)와의 관계였다.

요시오카의 딸 유미(가명)는 유치원생 때 코피와 미열이 계속 나서 검사를 받은 결과 백혈병 진단을 받았다. 약물요법을 시행했으나 기대한 만큼의 효과가 나오지 않았고, 조혈모세포를 이식했지만 1년도 채 못 가 재발하고 말았다. 이후 초등학생이 되어도 반복되는 입원과 감염증 우려로 등교할 수 없었다. 여동생이 자신보다 먼저 초등학교에 다니는 모습을 침대에 누워 지켜봐야만 했다.

3, 4학년 나이가 될 때까지도 학교를 가지 못한 유미가 아는 사람이라고는 병동에서 같이 투병하는 아이들밖에 없었다. 그런 아이가 마음을 털어놓을 수 있는 몇 안 되는 상대가 야마지였다.

야마지는 유미에게 여러 가지 놀이를 가르쳐주었다. 밸런타인데이가 다가오면 함께 하트 모양의 초콜릿을 만들어 병동 친구들에게 나누어주기도 했다.

어머니 요시오카는 말한다.

"유미가 병동에서 알게 된 친구들은 도중에 퇴원하거나 세상을 떠났습니다. 그때 야마지 씨가 계속 옆에 있어주신 것이 큰 힘이 되었습니다. 수술할 때도 옆에서 지켜주셨어요. 야마지 씨를 향한 유미의 신뢰는 대단했어요. 선생님들이 약을 먹으라고 하면 유미는 부작용으로 아픈 게 싫어서 버리려고 했는데, 야마지 씨가 따뜻하게 말하면 참고 먹었습니다. 잠깐 퇴원했을 때도 야마지 씨를 만나려고 일부러 병동에 찾아가기도 했지요.

유미가 그분과 같은 보육교사가 되고 싶다고 한 것은 10살 때였습니다. 아이들을 상냥하게 품어주고 많은 놀이를 가르쳐주고 싶다고 했습니다. 지금부터 아이디어를 짜는 연습을 해야 한다며 수수께끼 책을 만들어 야마지 씨에게 보여주기도 했어요. 그분은 딸아이에게 정신적 지주이자 동경하는 존재였습니다."

이 무렵부터 유미는 몸 상태가 조금씩 안정되어 공부를 시작했다. 학교는 여전히 다니지 못했지만 교사가 집으로 방문했다.

6학년 여름, 유미는 병동에서 알게 된 언니의 권유로 함께 대학교 견학을 가게 되었다. 그때 넓고 멋진 캠퍼스를 보고는 학교에 가서 공부하고 싶다는 의지를 품었다. 하지만 현실은 냉혹했다. 등록한 초등학교에 한 번도 가지 못해 제적당한 상태였고, 이웃에게조차 이 사실을 숨기고 있는 상황이었다.

이후 유미는 사립중학교 진학을 결심하고 집에서 열심히 공부한 끝에 합격했지만, 또다시 병마가 찾아왔다. 입학 후 얼마 지나지 않아 백혈병이 재발한 것이다. 유미는 힘들게 입학한 학교를 제대로 다니지도 못한 채 다시 입퇴원을 반복해야 했다. 그리고 이듬해, 돌아올 수 없는 길을 떠났다.

"딸의 노력과 꿈을 알고 있었기에 세상을 떠나자 저는 슬픔에 빠져 아무 생각도 할 수 없었습니다. 가장 괴로운 것은 딸에 대해 이야기할 사람조차 없다는 것이었어요. 학교에 다니지 못했

어린이 호스피스의 기적

기 때문에 유미를 알고 있는 사람은 거의 없었습니다. 그때 제가 의지한 분이 야마지 씨였습니다. 야마지 씨는 딸이 어떤 아이였는지, 그리고 제가 딸과 어떻게 지내왔는지 전부 알고 있기 때문에 추억을 이야기하거나 상담을 할 수 있었어요. 너무 의지해서는 안 된다는 걸 머리로는 알고 있지만, 혼자서는 도저히 견딜 수가 없어서 폐를 끼치고 있습니다. 그분이 계셔서 정말 감사하게 생각하고 있습니다."

요시오카는 1시간 넘게 입술을 떨며 흐느꼈다. 그 모습에서 아직 딸의 죽음을 완전히 받아들이지 못한 아픔이 절절하게 전해졌다. 자식을 잃는다는 것은 그 자체로 부모의 마음에 큰 상처를 남긴다. 그렇기에 더더욱 다타라의 말처럼 의료인뿐 아니라 다양한 전문가로 이루어진 종합적인 지원이 가족에게 필요했다.

할 수 있는
것부터
시작하기

하라는 업무가 끝나면 종종 부원장실로 다타라를 비롯해 실력 있는 의사들을 불러 소아의료의 미래와 진정한 전인치료에 대해 거듭 논의했다.

이들이 생각한 것은 '헬렌&더글러스 하우스(Helen&Douglas House)'와 같은 어린이 호스피스를 만드는 것이었다(헬렌 하우스는 16세부터 35세의 환자를 위한 호스피스 '더글러스 하우스'와 함께하면서 명칭을 바꿨다).

센터는 어린이 지원팀을 갖추고 나서야 비로소 제대로 된 완화의료를 시행할 수 있었다. 하지만 이는 어디까지나 병원 안에서의 이야기였다. 재택의료 중인 환자나 가족을 지원하는 시스템을 구축할 필요가 있었다. 그리고 그러기 위해서는 어린이 호스피스가 필요했다.

문제는 어린이 호스피스를 설립하는 데 장벽이 너무 높다는 점이었다. 이미 일본에는 성인 호스피스는 많이 있었지만, 어린이 호스피스는 그와 전혀 다른 문제였다. 호스피스는 방대한 환자 수로 유지된다. 일본에서는 매년 37만 명의 성인이 암으로 목숨을 잃기 때문에 호스피스 운영이 가능했다. 반면 소아암으로 사망하는 환자 수는 1년에 수백 명 정도였다. 오사카 전체에서는 약 20명, 오사카 의료센터만 보면 손에 꼽을 정도여서, 어린이 호스피스를 세워도 운영해나갈 수 없었다.

타개책으로 민간시설로 짓자는 의견이 나왔다. 그럼 오사카 외의 지역에 사는 환자도 받을 수 있기 때문에 이용자 수를 어느 정도 확보할 수 있었다. 하지만 그것은 그것대로 자금 조달, 직원 모집, 병원과의 연계 등 해결해야 할 문제가 있었다. 논의는 시간이 지나도 쳇바퀴 돌 듯 돌 뿐 결론이 나지 않았다.

그러던 어느 날, 모자보건센터 시절 상사였던 후지무라가 다타라에게 연락을 해왔다.

"프랜시스 수녀님이 난치병 아이들을 데리고 일본을 방문하신다고 하네. 자네가 수녀님과 면식이 있으니 안내해드리지 않겠나?"

프랜시스 수녀 일행은 영국과 일본 양국의 장애아와 난치병 아이가 교류하는 프로그램인 '단풍 프로젝트' 측의 초대를 받아 도쿄와 오사카를 둘러본다고 했다. 다타라는 이것이야말로 일본에 소아 완화의료를 알릴 절호의 기회라고 생각했다. 헬렌&더글러스 하우스 관계자의 설명을 들을 수 있는 자리를 만든다면 이 땅에 어린이 호스피스를 설립하는 계기가 될지도 몰랐다. 이 뜻을 헬렌 측에 전했더니 그쪽에서도 흔쾌히 승낙했다. 이후 다타라는 일본재단(The Nippon Foundation)에 행사 개최 비용을 신청하고 준비에 들어갔다.

2009년 10월 7일, 나카노시마에 있는 오사카시 중앙공회당에서 세미나가 개최됐다. 주제는 '어린이 호스피스 헬렌&더글러스 하우스 교류 세미나'였다. 일본에서 열린 소아 완화의료에 관한 세미나로서는 최대 규모였다.

세미나 당일 오사카 시내는 태풍의 영향으로 폭우가 쏟아졌다. 그럼에도 불구하고 회장에는 약 700명이나 되는 의료 관계자들이 속속 모여들었다. 의사, 간호사, 임상심리사, 사회복지사, 보육교사, 환자 가족 그리고 학생들도 보였다. 안도 데루코와 야마지 리에도 참석했다.

이때 세미나 회장에서 접수를 담당했던 고바야시 기미코(小林喜美子)가 이날의 분위기에 대해 말한다. 그는 이 세미나를 계기로 훗날 쓰루미 어린이 호스피스 설립에 참여하게 된다.

"태풍이 온다는 것을 알았을 때 실패할 수도 있겠구나 생각했습니다. 사람들이 안 올 것 같아서 불안했어요. 또 어린이 호스피스라고 하면 슬픈 이미지도 있고요. 하지만 막상 시간이 다가오자 제 걱정과 달리 사람들이 계속 모여들었습니다. 병원의 고위 관계자부터 휠체어를 탄 젊은 환자까지, 분주히 움직이다가 문득 정신을 차리고 보니 어느새 대회의실이 꽉 차 있더군요.

그것을 보고 저는 확신했습니다. 어린이를 위한 호스피스는 모두가 바라는 것이고, 반드시 성공시켜야 한다는 것을. 나중에 들으니 세미나에 참가한 다른 사람들도 모두 같은 생각을 했다고 합니다."

세미나가 시작되자 프랜시스 수녀가 단상에 올라 강연을 시작했다. 그는 영국의 헬렌&더글러스 하우스가 만들어진 과정과 어떤 가족들이 무엇을 위해 그곳에 오는지, 또한 아이들이 그곳에서 어떻게 지내고 있는지 등을 설명했다.

프랜시스 수녀가 강조한 점은 호스피스가 반드시 환자의 임종을 지키는 곳만은 아니라는 것이었다. 헬렌&더글러스 하우스는 본래 가족들이 간호에서 잠시 벗어나 쉴 수 있게 만들어진 시설이었다. 이용자 중에는 시한부 선고를 받은 소아암 환자도 있지만 그 외에도 평생 침대에서 누운 채로 지내야 하는 신경근질환이나 선천이상 증후군 아이들도 있었다. 어디까지나 이 아이들이 아이답게, 행복하게 지낼 수 있는 공간이 되는 것을 지향했다.

헬렌&더글러스 하우스는 기부를 중심으로 운영하는 민간시설이기 때문에 긴 시간 동안 이 이념을 관철할 수 있었다. 병원에 속한 시설이라면 경영과 얽혀 의료행위가 우선시되지만, 민간시설이라면 아이들의 의사가 최우선으로 고려된다. 아이들과 가족들의 QOL을 향상하기 위해서는 이렇게 운영하면서 의료기관과 연계하는 것이 가장 바람직하다.

이 말은 회장에 있던 사람들의 마음에 강하게 박혔다. 환자에게 필요한 것을 좀 더 단순하게 생각해도 좋지 않을까. 강연 마지막에 프랜시스 수녀는 간곡히 호소했다.

"여러분, 할 수 있는 것부터 시작합시다."

그러면서 사용한 말이 '작은 것부터 시작하기(Start Small)'였다. 말 그대로 자신이 할 수 있는 작은 것부터 하나씩 실천해나가자는 의미였다.

프랜시스 수녀의 강연이 끝나자, 헬렌&더글러스 하우스의 직원들도 각자 자신들의 전문적 견지에서 발표를 이어갔다. 그후 다타라가 단상에 올라 일본이 해결해야 할 과제에 대해 발표했다. 회장의 관심이 특히 쏠린 것은 공개토론이었다. 다타라, 하라, 일본의 의료 관계자, 그리고 헬렌&더글러스 하우스의 관계자가 모여 일본에 어린이 호스피스를 설립하는 절차에 대해 논의했다.

당시 영국에는 이와 같은 호스피스가 이미 41개나 있었다. 한 곳당 운영비는 일본 돈으로 연 3억에서 5억 엔이었다. 이 금액으로 난치병 아이들이 행복한 시간을 보내고 가족들도 지원받을 수 있었다. 이를 실현할 수 있었던 것은 영국의 의료제도나 기부 문화 덕분이었다.

그러나 일본에는 이러한 환경이 없었으므로, 자금을 모을 방법을 비롯해 환자와 가족의 이해를 구할 방법, 의료기관과의 연계 등에 대해 다각적으로 토론했다. 현장에 있는 의사들이 진지하게 토론하는 모습은 회장에 있던 사람들에게 깊은 인상을 주었다.

이는 후에 쓰루미 어린이 호스피스의 직원이 되는 니시데 유미(西出 由実)도 마찬가지였다. 당시 27살이었던 그는 오사카의 한 병원에서 간호사로 근무하고 있었다.

오사카에서 나고 자란 니시데가 간호사가 되기로 마음먹은 것은 초등학교 2학년 때였다. 남동생이 림프종(lymphoma)으로 입원했을 때, 동생을 돌봐주는 간호사들을 보고 이 직업을 동경하게 되었다. 이후 니시데는 대학에서 간호학부를 졸업하고 유명 종합병원 어린이병동에 들어갔다.

그러나 당시 니시데의 눈에 비친 병원은 아이들의 기분이나 생활을 배려하지 못하고 있었다. 완전 간호를 주장하면서도 부모에게 24시간 간호를 요구하고, 아이들을 세세한 규칙으로 구속하고 있었다. 니시데는 이것들이 치료를 위해서라고는 하지만 아이들에게는 지나치다고 느낀 적이 많았다.

특히 마음에 걸렸던 것이 비밀을 고수하는 의사의 태도였다. 의사는 원활한 치료를 한다는 이유로 아이들에게 병명이나 병세에 대한 자세한 설명을 하지 않았다. 그러나 치료가 몇 년씩 이어지고 어느 정도 나이를 먹은 아이는 자신의 병이 심각하다는 것을 눈치챘다. 의사가 제대로 된 설명을 해주지 않아 간호사에게 물어보지만 역시 명확한 답을 듣지 못했다. 이렇게 의료진에 대한 아이들의 불신감은 커져만 갔다.

사이토 신지(가명)라는 초등학교 5학년 남자아이도 마찬가지였다. 신지가 백혈병으로 두 차례 입원하고 약물요법을 받아온 동안 의료진은 아이에게 그저 나쁜 바이러스가 몸에 들어왔으니 치료가 필요하다고만 말했다. 하지만 계속된 항암제 투여로 매일 구토와 설사를 하고 통증으로 몸부림치던 신지는 자신이 큰 병에 걸렸음을 직감했다.

"저 진짜로 무슨 병이에요? 정확하게 알고 싶어요."

"바이러스성 질환이야. 힘내서 퇴치하자."

니시데와 다른 간호사들은 아이의 불안한 심정을 헤아리면서도 끝까지 거짓말했다. 그러나 신지의 눈은 의심으로 가득 차 있었다.

치료가 계속되면서 신지의 체력은 눈에 띄게 떨어졌다. 병동에 있으면서도 중학교 입시를 포기하지 않았지만, 하루하루 버티는 것만으로도 벅차 시험은커녕 내일 일조차 장담할 수 없었다. 신지는 입시를 준비하지 못한다는 절망감과 의료진에 대한 불신으로 정서가 불안정해졌다. 낮에는 험상궂은 얼굴로 입을 굳게 다물었고, 간호사가 와도 이불을 뒤집어쓴 채 아무 반응도 하지 않았다. 밤이 되면 갑자기 기이한 소리를 내거나 침대와 선반을 계속 치기도 했다. 간호사들이 안정시키기 위해 족욕이나 마사지를 하려 했지만 신지는 짜증을 내며 물을 엎어버렸다.

니시데는 이 심정을 이해할 수 있었기에 선배 간호사에게 태도가 나쁘다고 평가받는 신지가 안타까웠다. 어느 날 니시데는

어린이 호스피스의 기적

큰맘을 먹고 의사에게 제안했다.

"소아암 환자회라고 있잖아요. 신지에게 거기를 소개해주면 어떨까요? 그 아이는 지금 고립 상태예요. 다른 소아암 친구들을 만나면 왜 자기만 이럴까 하는 생각에서 벗어날 수 있지 않을까요?"

그러나 의사는 니시데의 의견에 반대했다. 환자들끼리 교류하게 되면 치료에 악영향을 미칠까 걱정한 것이다.

니시데는 말한다.

"신지는 줄곧 병과 싸우고 있었지만 차도를 보이지 않아 조혈모세포 이식을 받아야 했습니다. 이때 처음으로 자신이 암이라는 사실을 들었어요. 그동안 어른들이 계속 거짓말로 본인을 속였다는 것을 알게 되었을 때는 충격이 컸을 거예요. 그 후 새로운 치료를 위해 다른 병원으로 갔지만 병세가 나아지지 않아 중학교 2학년 때 결국 세상을 떠났습니다. 어머니는 한 번도 등교하지 못한 신지를 위해 마지막 가는 길에 교복을 입혀 보내주었다고 합니다."

긴 시간 자신의 병명을 듣지 못하다가 갑자기 암을 선고받은 아이의 심정은 어떠할지. 이러한 상황이 계속 반복되자 니시데는 자신이 무엇을 하고 싶은지 점점 알 수 없어졌다. 의료인은 환자의 병을 치료하는 사람이지만, 거기에만 몰두하다 보면 아이들과 대립하게 된다. 그러다가 만약 아이가 죽는다면, 무엇이 남는단 말인가. 니시데는 간호사라는 직업에 점점 자신을 잃어갔다. 이

것이 간호사의 역할이라면, 자신이 바라던 것이 아니었다.

그러던 어느 날, 병원 한구석에 놓인 안내장을 보게 되었다. 오사카시 중앙공회당에서 영국 헬렌&더글러스 하우스의 관계자를 초대해서 교류 세미나를 개최한다는 내용이었다. 아이들을 위한 호스피스라는 말이 그의 관심을 끌었다. 간호사를 그만두기 전에 이야기를 한번 들어보는 것도 나쁘지 않다고 생각해 폭우를 뚫고 회장에 도착했다. 그리고 객석에 앉아 강연과 공개 토론을 들으면서, 니시데는 이제까지 자신이 알고 있던 의료체제가 무너지는 느낌이었다.

그는 그때 느낀 감정에 대해 말한다.

"제가 알고 있던 의료라는 세계는 항상 '치료'를 최우선으로 하는 세계였습니다. 하지만 세미나에 나온 의사들은 그것을 '아이 먼저(Children First)'로 바꿔나가기 위해 진지하게 토론에 임하고 있었어요. 모두 알 만한 병원에 근무하고 있는 유명한 선생님들이었습니다.

이렇게 알지 못하는 곳에서 의사들이 현실을 바꾸고자 필사적으로 노력하고 있었습니다. 저는 그런 그들과 함께 일하고 싶어졌어요. 그곳에 그간 제가 찾고 있던 진정한 간호사의 역할이 있을 거라고 생각했습니다."

다음 해, 니시데는 근무하고 있던 병원을 그만두고 어린이 전문 병원으로 옮겼다. 그리고 5년 후에는 뒤에 나올 어린이 호스피스 프로젝트에 정식으로 참여하게 된다.

세미나가 끝난 후, 하라와 다타라는 세미나에 참가했던 사람들을 만나 수차례 이야기를 나눴다. 하라는 그 자리에 있던 모두에게 말했다.

"지금 당장 시설을 짓는 것이 어렵다면 여기에 모인 사람들끼리 봉사 단체를 발족하는 것은 어떨까요? 난치병 어린이의 집에 방문하고, 병원에 놀이 공간을 만들고, 행사를 개최하면서 환자와 가족을 지원하는 겁니다. 호스피스 설립을 목표로 하되 일단은 작은 것부터 시작해봅시다."

우선 봉사 단체를 만들어 이를 기반으로 호스피스 건설을 사업화한다는 계획이었다. 열의에 가득 찬 참가자들은 모두 찬성했다.

그리고 이듬해 2010년, 이들은 '어린이 호스피스 프로젝트'라는 단체를 정식으로 발족했다. 소아의료 개혁을 바라온 사람들을 비롯해 살아갈 희망을 찾으려는 어린 환자와 그 가족이 이 단체로 모여들었다. 마치 사막에서 오아시스를 발견한 것처럼.

4장

살아내고 싶은 아이들

제비꽃병동에
피어난 첫사랑

오사카 의료센터는 복도를 사이에 두고 벚꽃병동과 제비꽃 병동으로 나눠져 있다. 두 병동 6, 7층에 어린이병동이 있는데, 벚꽃병동은 미취학 아동, 제비꽃병동은 초등학생 이상의 환자가 입원하는 병동이다.

제비꽃병동 7층에 올라가면 정면에 있는 간호사실을 기준으로 좌우 복도로 병실이 들어서 있다. 그 외에도 그림책과 장난감이 가득한 놀이방, 바깥 풍경이 한눈에 보이는 식당, 학교 교실을 그대로 옮겨놓은 듯한 병원학교 등이 있다.

이 병동에는 소아암 환자가 많았는데, 그 아이들이 반드시 24시간 침대에 매여 지내는 것은 아니었다. 약물요법 기간에는 그룹별로 일정 시간을 비울 수 있었고, 수술 후에는 체력이 회복되기를 기다리거나 재활치료를 하러 가기도 했다. 이때 잠깐의 평온을 얻은 아이들은 웃음을 되찾았다.

병원학교는 입원 중인 환자가 각자의 나이와 학습 능력에 맞춰 의무교육을 받을 수 있는 곳이었다. 초등부와 중등부로 나눠져 있었고, 수업시간표도 따로 있었다. 수업은 오사카 부립 고요 특별지원 학교(Koyo Special Education School) 본교에서 파견된 교사가 담당했다.

오전 9시 반이면 병동 복도는 등교하는 아이들로 활기를 띠었다. 각자 책가방을 어깨에 메거나 휠체어에 건 채로 병실에서 교실까지 수십 미터의 통학로를 통과했다. 지나가는 간호사들에게 아이들이 "안녕하세요." 하고 인사하는 소리나 선생님들이 "어서 오렴." 하고 맞이하는 소리가 들렸다.

수업이 시작되면 아이들은 마치 병에 걸린 적이 없다는 듯 열심히 공부했다. 휠체어에 앉아 국어 교과서를 큰 소리로 읽고, 불편한 손으로 악기를 잡고 즐겁게 연주했다. 과학 실험 시간에 장난치고 떠들기도 했다.

병원학교 교사의 말이다.

"병실에서만 지내야 하는 생활은 너무 고독합니다. 아이들은 자신이 학교 친구나 선생님에게 잊혔다고 생각합니다. 세상에 홀로 남겨졌다고 느끼지요. 그런 아이들에게 책가방을 메고 병실을 벗어나 교실에 가는 것은 그 자체만으로도 행복입니다. 교실에서 친구들과 즐겁게 얘기를 나누면서 놀고, 병동에서 알게 된 이성 친구에게 좋아하는 감정을 느끼기도 하지요. 병원학교에 있는 동안은 환자가 아니라 본래의 자신으로 돌아갈 수 있습

어린이 호스피스의 기적

니다."

병원학교에는 수업뿐 아니라 다양한 행사도 있었다. 근처 과학관에 견학을 가거나 보호자와 함께하는 운동회도 개최했다. 연말에는 크리스마스 파티도 열었다.

병원학교에서 서로를 알게 된 아이들은 병동에서도 우정을 쌓아갔다. 수술 전날 저녁에 어깨를 나란히 한 채 밖을 바라보며 장래 희망을 이야기하기도 했고, 의식이 몽롱한 친구 곁에서 손을 잡고 이름을 부르기도 했다. 자신의 마지막이 다가왔을 때 부모나 형제에게 할 수 없는 말을 친구에게 전하기도 했다. 아이들에게 병동 친구들은 긴 투병 생활을 버티게 하는 동료였다.

어린이 호스피스 프로젝트를 발족한 다음 해인 2011년 가을, 제비꽃병동에 한 여자아이가 입원했다. 서두에 소개한 기타히가시 사키다. 3살 때 뇌종양을 처음 발견한 사키는 9살 때 재발해 치료했다. 그러나 몇 년이 지나 몸 상태가 이상해 받은 검사에서 급성 골수성 백혈병 진단을 받았다.

어머니 교코는 말한다.

"처음 뇌종양 치료를 받았을 때가 3살 때니까 사키는 아마 자세하게 기억 못 할 거예요. 초등학교에 입학해서는 친구들과 친하게 지내며 여느 아이들처럼 쑥쑥 자랐습니다. 하지만 3학년 때 백혈병에 걸린 사실을 알고 난 후부터는 성격이 확 바뀌었어요. 긴 시간 동안 병원에서 치료를 받으면서 아이다운 모습이 점점 사라졌습니다."

병을 진단받았을 때, 교코는 사키에게 당분간 학교 수업 대신 힘든 치료를 받아야 한다고 설명했다. 분명 충격을 받은 아이가 치료를 거부할 거라고 생각했다. 하지만 막상 입원한 사키는 마치 다른 사람인 양 온순해져서 그렇게 싫어하던 주사와 약을 참고 받아들였다. 교코는 딸의 그런 모습이 낯설었다.

"아이들은 입원하면 갑자기 착한 환자를 연기합니다. 사키가 입원한 지 이틀째 되던 날이었어요. 저에게 '병에 걸려서 미안해. 나 때문에 엄마가 고생이네.'라고 하더군요. 자신이 병에 걸리는 바람에 가족들을 불안과 걱정에 빠지게 했다고 생각한 것 같았습니다.

저는 사키에게 힘들면 울어도 된다고 했지만, 아이는 괜찮다며 씩씩하게 행동했어요. 한번은 신입 간호사가 주사를 몇 번이나 잘못 놓은 적이 있었는데, 옆에서 지켜보던 제가 참다못해 제대로 좀 해달라며 화를 냈습니다. 그랬더니 사키가 '선생님이 일부러 그런 게 아니니까 괜찮아.'라며 저를 달래더군요.

저는 그런 모습을 보는 게 괴로웠습니다. 부모 입장에서 아이가 힘들면 힘들다고 말하는 편이 마음이 놓입니다. 아이라면 그게 자연스러운 감정 표현이잖아요. 그런데도 이제 겨우 9살이던 아이는 고통을 참는 것도 모자라 저와 간호사의 안색을 살피면서 어른스럽게 행동했어요. 여러 가지 환경이 그 아이를 그렇게 만들었다고 생각하면 마음이 아파 견딜 수가 없었습니다."

1년 넘게 병원에서 지내던 사키가 버틸 수 있었던 것은 같은 병동에 입원한 아이들과의 교류였다. 특히 입원한 지 얼마 지나지 않아 사키는 평생 잊을 수 없는 한 사람을 만나게 된다. 후에 투병하는 고등학생의 학습 지원 제도를 만들어달라고 목소리를 낸 고등학교 2학년생 구보타 스즈노스케(久保田 鈴之介)였다.

스즈노스케는 1994년 9월 25일에 태어났다. 초등학교에 들어가자마자 지역 경찰서에 있는 도장에서 검도를 배우기 시작했고, 중학교에 가서도 검도부에 들어갔다. 적극적인 성격에 리더십을 갖춘 데다 공부와 운동 모두 특출나게 잘해 주변 사람 모두가 스즈노스케의 미래가 밝을 거라고 믿어 의심치 않았다.

그런 그의 몸에 이상이 생긴 건 중학교 2학년이던 해 5월이었다. 그는 부모에게 자신의 등을 보여주면서 계속 아픈데 낫질 않는다고 했다. 부모가 등을 만져보았지만 특별히 이상한 점을 찾지 못했다. 그러나 2주가 지나도 통증이 사라지지 않아 근처 병원에서 엑스레이를 찍었더니, 전문병원에서 정밀검사를 받을 것을 권유했다.

그렇게 스즈노스케는 오사카 의료센터를 찾았다. 검사를 마친 후 하라 준이치가 말했다.

"가슴뼈에 뭐가 보이네요. 악성 종양일 가능성이 있으니 조직 일부를 떼서 검사해야 할 것 같습니다."

검사 결과 악성 종양으로 판명되었다. 유잉육종(ewing sarcoma)이었다. 주로 뼈에 생기는 암으로 20대 이하의 사람이 많이 걸리는 병이었다. 하라는 서둘러 입원하기를 권했다. 치료가 간단하지 않았기 때문이다. 스즈노스케의 경우 약물요법으로 첫 병변 부위를 작게 한 후, 수술로 종양을 제거하고 이후 약물요법을 계속 진행하는 걸 목표로 했다.

10개월간 계속된 치료는 상상 이상으로 고통스러웠지만, 스즈노스케는 이를 악물고 견뎌내 이듬해 4월 퇴원했다. 그동안 학업은 크게 뒤처졌지만, 밤낮없이 공부에 매진한 끝에 지역 명문인 오테마에 고등학교(Otemae Senior High School)에 합격했다. 부모는 날아갈 듯 기뻐하며 아들의 노력을 자랑스러워했다.

스즈노스케는 고등학교에 가서도 검도부에 들어갔다. 중학생 때 병으로 인해 마음껏 활동할 수 없었기 때문에 본격적으로 연습에 임했다. 키가 178센티미터였던 스즈노스케는 검도부에서 곧 두각을 나타냈고, 부원들의 신망도 두터워 2학년 때는 주장으로 선출되었다.

순조롭던 학교 생활에 암운이 드리운 것은 2학년에 막 올라간 무렵이었다. 5월의 황금연휴가 끝난 어느 날, 스즈노스케는 팔과 등에 통증을 느꼈다. 처음에는 검도 연습을 하다가 다쳤나 싶었지만, 통증은 시간이 지날수록 더 심해졌다. 그래도 7월에는 염원했던 영국 웨일즈로 단기 연수를 다녀왔고, 검도도 심사를 받고 3단으로 승단했다. 하지만 그 무렵에는 책가방을 드는 것조차 힘들 만큼 통증이 극심해졌다.

스즈노스케는 다시 오사카 의료센터를 찾아 정밀검사를 받

고등학교 2학년 여름, 영국 웨일즈에서

왔다. 그가 하라에게 들은 결과는 냉혹했다.

"유감스럽게도 암이 재발했습니다. 팔에도 통증이 있다는 건 그곳에도 전이가 되었단 뜻입니다. 바로 치료에 들어갑시다."

그는 학교를 휴학하고 입원하여 대량 화학요법을 받았다. 일반적인 항암제보다 강력한 것을 대량으로 투여하는 치료인데, 이루 말할 수 없는 고통스러운 부작용이 따랐다. 구토, 발열, 설사 등의 증상이 잇달아 나타나고 온몸의 점막이 짓물러 소변을 보는 것만으로도 극심한 통증에 시달렸다.

스즈노스케는 고통에 몸부림쳤지만 병실을 벗어나면 그런 모습을 보이지 않고 밝게 행동했다. 복도에서 만난 환자들에게 말을 걸고, 혼자 있는 아이를 발견하면 다가가 말동무가 되어주었다. 아이들의 고민을 들어주기도 했다. 그의 주변에는 자연히 많은 사람이 모여들었다.

이 무렵, 제비꽃병동에서 스즈노스케를 알게 된 4살 아래의 야주로 하루카(弥十郎 陽香)가 있었다. 활발하고 똑똑한 여자아이였다. 초등학교에 입학하고 얼마 지나지 않아 림프관종(lymphangioma)이 발견되어 투병 생활에 들어간 하루카는 초등학교 6학년 때에는 카사바흐-메리트 증후군(Kasabach-merritt syndrome)과 고함스 병(Gorhams disease)에 걸려 입퇴원을 반복했다. 중학생이 되고부터는 학교도 제대로 다니지 못해 우울한 나날을 보내고 있었다. 하루는 하루카가 땅을 보며 걷고 있는데 스즈노스케가 밝은 목소리로 불러 세웠다.

"어, 또 만났네? 너 중학생이야?"

이제까지 몇 번 마주쳐서 얼굴은 알고 있었지만 서로 얘기를 나눈 적은 없었다. 하루카는 당황하며 대답했다.

"어? 응."

"그렇구나. 나도 중학생 때 처음 입원했어. 참, 내 이름은 구보타 스즈노스케야. 병동에 다른 친구들도 있으니까 다음에 만나면 소개해줄게."

이를 계기로 스즈노스케는 병동에서 친해진 중고등학생 친구들을 하루카에게 소개했다. 성별도 연령도 달랐지만 서로 금세 친해진 아이들은 스즈노스케를 "스즈 군"이라고 부르며 따랐

어린이 호스피스의 기적

다. 어느새 그는 리더와 같은 존재가 되었다.

아이들은 몸 상태를 봐가며 놀이방에 모여 휴대폰을 보거나 게임을 하면서 별것 아닌 이야기로도 웃고 즐거워했다. 하지만 놀이방은 미취학 아동에서 초등학교 저학년이 이용하기에 알맞게 만들어져 사춘기 학생들이 이용하기에는 적합하지 않았다.

스즈노스케는 친구들에게 말했다.

"이 병원에 어린이를 위한 방은 있어도 우리 같은 중고생이 편하게 사용할 수 있는 장소는 없잖아? 나는 우리가 즐길 수 있는 공간이 갖고 싶어. 기획서 같은 걸 한번 써보자. 너희가 거기에 서명하면 내가 대표로 윗분들한테 얘기해볼게."

모두 찬성하여 기획서의 구체적인 내용을 짜기 시작했다. 의견이 모아진 것은 밤 소등 전까지 병동의 사용하지 않는 방에 중고생 환자들이 모여서 좋아하는 것을 할 수 있도록 해달라는 것이었다. 잠깐이라도 좋으니 병원 규칙에서 해방되어 좋아하는 음악을 듣거나 함께 떠들며 게임을 할 수 있는 시간이 갖고 싶었던 것이다. 기획서에는 스즈노스케의 의견에 동의하는 5명이 서명했다.

스즈노스케로부터 기획서를 받은 병원 측은 이를 검토한 뒤 정식으로 승인했다. 그리고 주 2회 저녁 식사 시간 후부터 소등 전까지 이들이 자유롭게 지낼 수 있는 공간을 제공했다. 만일을 대비하여 병원 관계자도 1명 동석하기로 했다.

아이들은 몹시 기뻐하며 이 모임을 '중고생회'라고 이름 붙이고, 기념품으로 6명의 이름 앞 글자를 딴 'SHANKS'를 새긴 손수건을 만들었다. 투병 중에 눈물을 흘리는 일이 있더라도 중고생회 친구들이 항상 옆에 있다는 메시지이기도 했다.

하루카가 중고생회에 대해 말한다.

"모임이 있는 날은 어서 밤이 되기를 기다렸어요. 하루하루 몸 상태가 다르기 때문에 매번 갈 수는 없었지만, 날짜가 다가오면 가고 싶은 마음에 어떻게든 그날 밤만이라도 몸 상태가 좋아지기를 기도했지요.

모이는 멤버가 매번 달라졌기 때문에 무엇을 할지는 모인 후에 생각했어요. 함께 재미있는 유튜브 영상을 보며 웃고 떠들거나 국가대표 축구 경기가 있는 날이면 TV 앞에 모여 응원하기도 했습니다. 아, 한때 휴대폰으로 웃긴 사진을 찍는 게 유행한 적이 있었는데, 스즈 군이 원근법을 이용해 친구의 손 위에 올라간 사진을 찍었어요. 건강했다면 방과 후에 친구들과 했을 놀이를 저희는 밤에 병동에 모여서 했어요."

중고생회가 만들어지고 난 후, 아이들은 더 끈끈해졌다. 서로의 몸 상태의 기복이 어떤지도 더 잘 알 수 있었다. 모임에 오지 못한 친구가 있으면 모두 SNS를 통해 응원하고, 다음 날에는 병실로 찾아갔다. 다행히 치료가 잘 끝나서 퇴원이 정해진 아이가 생기면 남은 아이들은 다들 이렇게 말했다.

"두 번 다시 돌아오지 마! 꼭 건강해야 해!"

퇴원한 아이들은 병동을 떠난 후에도 인터넷 게시판이나 그룹 메신저로 연락을 이어갔다. 모임 날에는 영상 통화로 참가하거나 외래진료 때 친구들의 병실에 들르기도 했다.

이 사이에서 연애 감정도 싹텄다. 여자아이들에게 가장 인기가 많았던 사람은 단연 스즈노스케였다.

그리고 사키가 입원한 것이 이 무렵이었다. 이미 뇌종양 치료를 두 번이나 경험한 사키에게 투병은 불안과 공포를 의미할 뿐이었다. 어른들 앞에서 착한 아이를 연기하던 사키는 혼자가 되면 절망 끝으로 떨어졌다.

어린이병동을 담당하던 한 임상심리사는 그런 사키의 마음을 헤아리고 어느 날 사키에게 제안했다.

"저녁에 중고생회라는 모임이 열려. 가보지 않을래?"

"중고생회요?"

"밤에 제비꽃병동 아이들이 모여서 자유시간을 보내는 모임이야."

그날 밤, 임상심리사를 따라간 한 병실에서 사키는 스즈노스케를 처음 보았다. 스즈노스케는 야경이 보이는 창가 테이블에서 퍼즐 게임을 하고 있었는데, 이날은 친구들 모두 몸 상태가 좋지 않아 혼자 와 있었다. 그는 허리를 꼿꼿이 세우고 진지한 표정으로 퍼즐을 하고 있었다.

사키는 그에게 방해되지 않도록 다른 테이블에 앉아 공부를 시작했다. 입원해 있는 동안 학교 공부를 따라가지 못할까 봐 혼자서 조금씩이라도 공부하고 싶었던 것이다. 한창 문제를 풀고 있는데, 퍼즐을 완성한 스즈노스케가 사키가 있는 것을 알아차리고 말을 걸었다.

"공부하고 있어? 대단하네."

힘찬 목소리였다. 사키는 쑥스러워하며 대답했다.

"고마워."

"초등학생이니?"

"으, 응."

"그렇구나, 나는 고2야. 앞으로 친하게 지내자!"

스즈노스케는 사키의 옆으로 다가가 소등시간이 될 때까지 여러 가지 이야기로 사키를 웃게 했다.

다음 날 아침, 사키의 어머니가 일찍부터 면회를 왔다. 그런데 이날따라 유난히 사키가 눈을 반짝였다. 기분이 좋아 보이는 아이에게 무슨 일인지 물으니 들뜬 목소리가 들려왔다.

"엄마, 나 좋아하는 사람이 생겼어!"

"뭐라고?"

"구보타 스즈노스케라는 사람이야. 다들 스즈 군이라고 불러."

첫눈에 반한 것이다. 이렇게 스즈노스케는 사키의 첫사랑이 되었다.

정치인을 움직인
고등학생의 편지

중고생회의 멤버는 점차 늘어났다. 병원학교 친구들이나 의료진의 소개를 받고 아이들이 속속 모이기 시작했다. 그러나 무슨 모임이든지 규모가 커질수록 멤버 간 알력이 생기기 마련이다. 중고생회도 마찬가지로 초기 멤버였던 여자아이 몇 명이 불만을 토로했다. 중고등학생의 모임에 사키와 같은 초등학생이 찾아와선 스즈노스케 주위에서 떠들고 노는 모습이 유쾌하지 않았던 것이다.

임상심리사는 중고생회에 균열이 가기 시작한 것을 알아차리고, 이와 별개로 '10대회'라는 모임을 만들자고 제안했다. 초등학생을 포함하여 10대라면 누구나 들어갈 수 있는 모임이었다. 그럼 중고생회 멤버의 기분도 상하지 않게 하면서 초등학생들도 소외되지 않을 수 있었다. 아이들의 반응은 대체로 좋았고, 병원 측도 승인했다.

사키는 이 모임에 대해 이렇게 회상한다.

"10대회라는 이름을 그다지 좋아하지 않아서 제 마음대로 야간학교라고 불렀어요. 10명에서 15명 정도 있었던 것 같아요. 중고생회와 비교하면 놀거리가 많았는데, 그중에서 제가 좋아한 것은 댄스 타임이었어요. 한 아이가 '유튜브에서 아무 노래라도 틀어줘!' 하고 말하면 음악을 크게 틀고 그 자리에 있던 모두가 노래하고 춤췄지요. 그때 기분이 제일 좋았어요.

덕분에 환자들 사이가 더욱 좋아졌어요. 그전까지는 병실로 돌아가면 커튼을 완전히 치고 입을 전혀 열지 않던 아이도 이 모임이 생기고부터는 적극적으로 소통하게 되었습니다."

모임 시간은 소등 전인 오후 9시까지였지만 아이들의 즐거움은 밤늦게까지 이어지기도 했다. 미리 간호사실의 근무표를 보고 친절한 간호사가 당직인 날이면, 아이들은 소등된 후에도 이불 속에 숨어서 SNS로 메시지를 주고받으며 놀았다.

그러는 동안에도 사키의 제일 큰 즐거움은 스즈노스케와 만나는 것이었다. 그는 중고생회뿐 아니라 10대회에도 나왔다. 복도에서 사키를 보면 말을 걸며 하이파이브를 했다. 입원해 있는 동안 학업이 뒤처질까 봐 초조해하는 사키를 다독인 것도 스즈노스케였다.

"잠깐 입원한 것 가지고. 이건 아무것도 아니야. 초등학생일 때는 얼마든지 따라잡을 수 있으니까. 그것보다 지금은 네 병을 치료하는 게 우선이야."

사키는 스즈노스케가 중학교 2학년 시간의 대부분을 투병으로 보냈으면서도 명문고등학교에 합격한 걸 알고 있었기 때문에 이 말이 무엇보다 큰 격려가 되었다.

사키는 매일 밤 병실로 돌아와서 잠자리에 들 때 손으로 벽을 콩콩 두드렸다. 그것이 옆 남자 병실에 있던 스즈노스케에게 잘 자라고 보내는 신호였다. 그렇게 스즈노스케를 생각하며 잠드는 것이 사키의 소소한 행복이었다.

해가 바뀌어 2012년 1월이 되었다. 약물요법이 한 차례 끝난 스즈노스케는 외래진료로 전환할 수 있을 것 같다는 말을 들었다. 완치된 것은 아니었기 때문에 정기적으로 통원해야 했지만 일단 학교 생활을 다시 할 수 있었다.

대학 입시까지 앞으로 1년, 스즈노스케는 투병하는 동안 의사가 되겠다는 목표를 가지게 되었다. 주위 의사들에게 의대에 들어가고 싶다는 뜻도 전했다. 하지만 그러기에 5개월의 공백은 짧지 않았다. 지금 학교에 다니는 동급생들은 이미 고등학교 3년 치의 학습을 끝내고 남은 시간 동안 지망학교 입시에 매진하고 있었다. 스즈노스케는 퇴원이 결정된 후부터 서둘러 공부를 다시 시작했지만 크게 뒤처졌다는 것을 실감했다.

어느 날, 스즈노스케는 아버지 가즈오에게 말했다.

"반년 가까이 입원한 탓에 공부하기가 쉽지 않아. 중학생 때는 입원해도 병원학교가 있어서 어떻게든 따라갔는데, 고등학생은 의무교육이 아니니까 지원이 없잖아? 공부는 따라잡을 수 없고, 출석 일수도 모자라. 사실 병원 친구 중에는 유급된 아이도 있어. 고등학생을 위한 병원학교 같은 걸 만들 수 없을까?"

"네가 행정을 담당하는 사람에게 연락해보면 어때?"

"좋은 생각이네."

1월 말, 스즈노스케는 아버지의 조언을 바탕으로 오사카시 시장에게 메일을 보냈다. 시청 홈페이지에는 시민이 행정에 대한 의견을 이메일로 보낼 수 있는 창구가 있었다. 그는 자신의 투병 경험과 함께 난치병으로 입원한 고등학생도 병원에서 공부할 수 있는 제도를 마련해달라고 썼다. 병실에서 온라인으로 학교 수업을 듣는 방법도 제안했다. 또 도쿄에는 이미 고등학생을 대상으로 한 병원학교가 있다는 사실도 전했다.

물론 병원학교가 생기더라도 퇴원을 앞둔 스즈노스케는 이용할 수 없었지만, 어린이병동에서 알게 된 동생들에게 자신과 같은 불이익을 겪게 하고 싶지 않았다. 다음은 메일의 일부 내용이다.

아픈 고등학생은 병도 병이지만 유급에 대한 불안도 있습니다. 출석 일수를 채우지 못했기 때문이지요. 여러 불안을 껴안고 살아간다는 것은 매우 힘들고 괴로운 일입니다. 한 가지라도 해결된다면 심적으로 편해질 거예요. 부디 고려해주지 않으시겠습니까?

이 메일을 처음 눈여겨본 사람은 당시 오사카시 아사히(旭)구의 구청장이었던 야마모토 마사히로였다. 그는 시에서 조속히 검토해야 할 내용이라고 판단하여 당시 시장이었던 하시모토 도루에게 메일 내용을 전달했다. 하시모토 시장도 내용을 읽어 보고 마찬가지로 시급히 해결해야 할 과제라고 생각하여 스즈노스케에게 회신했다.

스즈노스케 군,

소중한 의견 감사합니다. 시장으로서 미처 신경 쓰지 못한 점, 진심으로 죄송하게 생각합니다. 메일을 받고 정치인의 역할에 대해 다시 한번 생각하게 되었습니다. 스즈노스케 군의 진심이 글을 통해 절절하게 전해져왔습니다. 덕분에 같은 상황에 놓인 친구들은 이제 더 이상 그런 어려움을 겪지 않을 것입니다. 스즈노스케 군, 힘든 일이 있어도 노력하면 반드시 보답을 얻는 게 인생입니다. 살다 보면 좋은 날이 올 테니, 함께 노력해나갑시다.

하시모토 시장은 이어 당시 오사카부지사였던 마쓰이 이치로에게 연락했다. 그리고 오사카부 교육위원회에서 장기 입원 중인 난치병 고등학생에 대한 지원책을 검토해줄 것을 요청했다. 이에 따라 4월부터 병원에 비상근 강사를 파견하는 지원 제도가 수립되었다.

이때 스즈노스케는 다시 학교에 다니고 있었다. 방과 후에는 검도부 도장에 자주 나가 웨이트트레이닝을 하고, 부원들에게 조언을 해주기도 했다. 통원치료도 계속했다.

그러던 중, 스즈노스케는 병원에서 만난 임상심리사에게서 이 제도가 제대로 시행되지 않고 있다는 사실을 듣게 되었다. 교육위원회에서 알맹이 없는 회의만 반복하는 바람에 강사 파견이 연기되고 있던 것이다.

그래서 그는 다시 하시모토 시장에게 메일을 보내 현재 상황에 대해 호소했다. 그 사실을 알게 된 시장은 즉시 교육위원회에 해결을 촉구했고, 그 덕분에 이 제도는 6월부터 주 3회, 6시간씩 비상근 강사를 파견하는 형식으로 시행되었다. 고등학생 1명의 행동이 행정을 움직인 것이다. 병원 관계자는 크게 기뻐하며 스즈노스케에게 말했다.

"고마워. 네 덕분에 많은 고등학생이 이제 병원에서 공부할 수 있게 됐어!"

그리고 스즈노스케는 후에 예기치 않게 자신도 이 혜택을 받게 된다. 신학기가 시작되고 한 달이 지난 5월이었다. 또다시 몸에 이상이 나타났다. 미열이 수일간 계속되고 가슴 통증도 생겼다. 재발을 의심한 그는 오사카 의료센터로 가서 정밀검사를 받았다. 그리고 의심은 가혹한 현실이 되었다.

스즈노스케는 다시 입원했지만 시험 날짜가 가까워지고 있었기 때문에 병실에서 참고서를 펼치고 공부했다. 이때 그가 이용한 것이 4개월 전 자신이 직접 시청에 요청한 학습 지원 제도 였다.

스즈노스케는 이 제도를 실제로 이용하면서 맹점을 실감했 다. 약물 부작용이 심각해 강사가 와도 공부를 할 수 없는 상황 이 자주 생기는 것이었다. 부작용은 언제 어떤 형태로 나타날지 알 수 없었기 때문에, 몸 상태가 좋은 날을 예측하여 강사 파견 을 요청하는 것은 불가능했다. 취소 연락을 할 때에도 침대 위 에서 통증으로 몸부림치며 메시지를 입력해야 했다.

이러한 경험을 통해서 그는 강사를 파견하는 형식보다 병원 학교에 고등부를 개설하는 편이 환자에게 더 낫다는 결론을 내 렸다. 병원 안에 학교가 있으면 몸 상태가 좋을 때 언제든 바로 공부할 수 있고, 일일이 취소 문자를 보낼 필요도 없었다. 그는 병원학교 고등부 개설을 청하는 메일을 다시 한번 보냈다.

하라는 말한다.

"스즈노스케 군의 행동은 뒤처져 있던 오사카의 학습 지원 제 도를 크게 전진시켰습니다. 옆에서 지켜보면서 활기차고 적극 적인 소년이라는 것은 알고 있었지만, 용기 있는 행동으로 사회 를 이만큼 바꿨다는 것에 매우 놀랐습니다.

모두가 그런 것은 아니지만 학교 교사들은 병에 걸린 아이를 대하는 것을 꺼리는 경향이 있어요. 아이가 수업 중에 쓰러지거 나 예기치 못한 상황이 일어날까 걱정하기 때문이에요. 그래서 병이 나을 때까지 학교에 나오지 않아도 된다고 말하면서 아픈 아이를 학교와 멀리 떼어놓습니다. 그럼 그 아이들은 학교와 사회로부터 단절됩니다.

저는 이를 막기 위해 환자의 입원이 결정되면 학교 선생님을 병원에 오시도록 합니다. 그리고 아픈 아이를 어떻게 대해야 하는지, 반 친구들에게 소식을 어떻게 전달해야 하는지를 말씀드립니다. 선생님들은 이에 대해 모르는 것이 당연해요. 저희 같은 의사가 적절한 대응법을 알려드려야 합니다.

그나마 초등학교와 중학교는 의무교육이라서 교사도 협조적입니다만, 고등학교는 어려움이 있습니다. 출석 일수나 수업 보강에 대해서도 학교 측이 자기네 규정으로 안 된다고 하면 그걸로 끝입니다. 그래서 다음 학년 진학이나 입시 자체를 포기하는 아이들이 많이 발생하지요. 스즈노스케 군이 목소리를 높인 덕분에 이런 현실이 달라졌습니다."

스즈노스케는 이렇듯 교육 환경을 개선하는 데 일조했지만, 병세는 계속 나빠졌다. 약물 부작용도 심각했다. 구토, 통증, 불면에 시달리면서 공부하고 싶어도 할 수 없는 날이 늘어갔고, 모의고사 성적도 좀처럼 오르지 않았다. 의대 진학의 꿈은 그렇게 점점 멀어져갔다.

어느 날, 스즈노스케는 부모님에게 이렇게 털어놓았다.

"나, 의대 말고 교육학부에 지원할까 봐."

"교사가 되겠다는 거니?"

"응. 재발한 걸 알았을 때 학교 선생님은 내 마음을 잘 몰라주

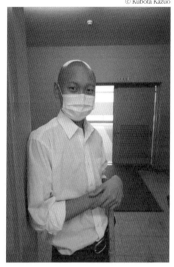

셨어. 이런 일로 힘들어하는 친구들이 많을 거야."

암이 재발해 입원했을 당시, 스즈노스케는 병원에서 학교를 다니며 공부를 계속하고 싶다는 뜻을 담임에게 전했다. 그러나 담임은 병이 다 낫고 나서 학교에 오라고 타일렀다. 걱정해서 한 말이었겠지만, 스즈노스케에게는 병이 다 낫기 전에는 학교에

모교의 검도장 입구에서

오지 말라는 말처럼 들렸다. 그리고 내쳐진 듯한 소외감을 느꼈다. 이런 경험을 바탕으로 병에 걸린 학생의 마음을 이해하는 교사가 되려고 마음먹은 것이다.

아버지는 회상한다.

"투병과 입시 공부를 병행하기가 쉽지 않았어요. 스즈노스케의 마음은 흔들렸고, 장래 희망도 여러 번 바뀌었습니다. 하라 선생님을 비롯해 병원의 여러 선생님에게 이런저런 상담을 했던 것 같습니다. 어떻게든 완치해서 사회에 도움이 되는 일을 하겠다는 굳은 의지가 있었어요."

여름이 되고 어느 더운 날, 아버지는 처음으로 스즈노스케가 없는 곳에서 따로 얘기하고 싶다는 하라의 연락을 받았다. 불안

한 표정으로 찾아간 아버지에게 하라는 조심스럽게 말을 꺼냈다.

"병의 진행 상태로 보아 이대로 치료를 계속해도 가망이 없습니다."

아버지는 귀를 의심했다.

"죽는다는 말씀입니까."

"네."

"……."

"만약 치료를 계속한다면 아이의 고통만 더 가중될 뿐입니다. 고통 속에서 마지막을 맞을 수 있어요. 이제까지 저는 이를 후회하는 가족들을 많이 봐왔습니다. 그래서 치료를 강행하는 건 권하지 않습니다."

"선생님 말씀대로 적극적으로 치료하지 않는다면, 아이는 앞으로 얼마나 더 살 수 있습니까."

"단언할 순 없지만 아마 3개월에서 6개월 정도일 것 같습니다. 치료를 계속한다 해도 그다지 차이는 없을 겁니다."

사실상 시한부 선고였다. 아버지는 머릿속이 새하얘졌다. 아이는 이 순간에도 필사적으로 병과 싸우면서 대학 진학을 꿈꾸고 있었다. 사회에 보탬이 되고 싶다는 일념으로 버티고 있는데, 치료를 해도 가망이 없다니…….

부모로서 이 권유를 받아들여야 하는가. 어느 것이 아이에게 더 나은 선택인 것인가. 창문 너머 보이는 7월의 태양은 아무런 대답이 없었다. 시험까지 반년이 남은 날이었다.

두 번째 단추

　사키는 초등학교 4학년이 되어서도 투병 생활을 이어갔다. 치료는 이렇다 할 성과가 나오지 않는 상태였다. 그동안 병동에서 봐온 친구들은 회복하여 퇴원하거나 아니면 투병 끝에 세상을 떠났다. 사키는 반년 넘게 그 모습을 지켜보면서 과연 자신이 병원을 떠나 다시 학교로 돌아갈 수 있을지 불안했다.

　그 무렵 암이 재발한 스즈노스케가 병동에 돌아왔다. 사키는 스즈노스케의 병이 심각하다는 것은 알고 있었지만 그래도 첫사랑인 그가 옆에 있어서 든든했다. 사키는 그를 오빠라고 부를 만큼 친근해졌다.

　스즈노스케는 부작용과 입시 공부로 병실에 있는 시간이 많았지만 가끔 복도에서 마주치면 이전과 다름없이 밝은 모습으로 말을 걸어주고 하이파이브도 했다. 어느 날은 사키가 편식한다는 것을 알고 다정하게 타일렀다.

"사키야, 건강해지려면 치킨만 먹어선 안 돼. 채소도 먹어야지. 나도 열심히 공부하고 있으니까 너도 편식하지 말고 골고루 잘 먹어야 해."

"노력할게. 그러니까 오빠, 학교 졸업하면 나한테 교복 두 번째 단추 줄래?"

"단추?"

"졸업하면 필요 없잖아."

"그럼. 얼마든지 줄 수 있지."

사키는 단추를 준다는 말에 날아갈 듯이 기뻤다. 이렇게 스즈노스케와 함께하는 매 순간이 사키에게는 살아갈 수 있는 힘이 되었다. 사키의 어머니 교코도 같은 병동에 스즈노스케가 있다는 것이 든든했다.

"스즈 군처럼 남을 배려하는 사람은 본 적이 없어요. 어른인 제가 봐도 놀랄 정도로 심지가 굳고 다정한 사람이었습니다. 한 번은 딸의 치료가 잘 안 되어 저도 모르게 불평을 한 적이 있었는데, 제게 '불평해도 달라지는 건 없으니 사키를 믿고 긍정적으로 생각하자'며 격려해줬습니다. 스즈 군이 건넨 말에 몇 번이나 위안을 받았는지 몰라요. 자기보다 어린아이에게도 또 어른에게도 힘을 주는 사람이었습니다."

그중에서도 특히 깊은 인상을 남긴 일이 있었다. 사키가 일시 퇴원을 권유받은 날이었다. 병이 나은 것은 아니라 자택에서 당분간 경과를 지켜보자는 것이었는데, 그 말을 들은 사키는 불만스러운 모습이었다. 교코가 이유를 물어도 입을 꾹 다물고 아무 말도 하지 않았다. 퇴원이 결정되었는데 왜 저렇게 침울해 보이는지, 난처해진 교코가 스즈노스케에게 털어놓았다.

"사키는 병원 밖으로 나가는 것이 두려운 걸 거예요. 이번 퇴원은 경과를 보기 위한 것이잖아요. 사키 입장에서는 자기를 지켜주는 병원이라는 세계에서 별안간 바깥으로 내던져진 심정일 거예요. 그런 불안한 마음을 잘 달래준다면 사키도 퇴원을 잘 받아들이지 않을까요?"

교코뿐 아니라 의료진 역시 사키가 퇴원 허가를 받으면 기뻐할 줄로만 알았다. 그러나 환자의 마음은 그렇게 단순하지 않았던 것이다. 교코는 스즈노스케가 딸의 마음 깊은 곳까지 이해하고 있다는 것에 다시 한번 감탄했다.

"스즈 군은 투병으로 힘든 일을 많이 겪었기 때문에 항상 사키나 친구들의 마음을 헤아리고 도와주려고 했어요. 저처럼 스즈 군에게 위로를 받은 부모들이 많습니다. 저는 딸을 대하면서 난처한 일이 생기면 지금도 스즈 군을 떠올립니다. 스즈 군이라면 어떻게 했을까, 어떤 조언을 해주었을까 하고요. 하나의 삶의 지표가 된 것이지요."

병동의 아이들에게도 부모들에게도, 스즈노스케는 둘도 없는 존재였다. 하지만 그는 시한부 선고를 받은 여름 이후로 눈에 띄게 쇠약해져갔다. 11월이 되자 고형식은 입으로 삼킬 수가 없었고, 죽 같은 유동식도 넘기지 못하고 토했다. 몸은 계속 말라갔다. 공부는커녕 몸을 일으키는 것조차 어려웠다.

아버지는 각오하고 있었음에도 차마 지켜볼 수가 없어 링거든 뭐든 좋으니 제발 영양을 공급해달라며 사정했다. 하라는 군은 표정으로 최소한의 것들은 하겠지만 필요 이상으로 영양을 공급하면 아이에게 힘든 상황만 이어질 뿐이라고 답했다. 무리하게 영양을 주입하면 수명은 조금 연장될지 모르나 그만큼 고통도 연장됨을 의미했다. 아버지는 아들에게 점점 죽음이 다가오고 있음을 인정하지 않을 수 없었다.

12월로 접어들면서부터 스즈노스케는 전신에 참기 힘든 고통을 호소했다. 일반적인 진통제로는 효과가 없어 모르핀 같은 강한 약을 대량으로 쓰지 않으면 잠드는 것조차 힘들었다. 이 상황에서도 입시를 포기하지 않은 스즈노스케는 기말고사를 치르기 위해 반나절이라도 퇴원하고 싶다고 사정했다. 병원은 그의 의사를 존중하여 퇴원을 허락하고 모르핀을 건네며 참기 힘든 고통이 오면 사용하라고 했다. 하지만 모르핀을 쓰면 의식이 흐려져 시험을 치를 수 없었기 때문에, 스즈노스케는 약을 쓰지 않고 말기 암의 통증을 견디면서 시험을 치렀다.

"12월 말부터 1월까지 스즈노스케 군은 공부는커녕 잠도 못 잘 정도로 고통에 시달렸고, 상당히 많은 양의 모르핀을 쓰고 있었습니다. 최선을 다해 시험을 치르고 싶은 마음은 충분히 이해했지만, 지금까지의 사용량을 고려했을 때 갑자기 투여를 중단하면 금단증상이 나타날 게 명백했습니다. 오히려 시험을 잘

어린이 호스피스의 기적

치르기 위해서라도 적절한 양의 모르핀을 사용하는 편이 더 낫다는 생각을 전했지만 어떻게 받아들였는지는 모르겠어요.

어쩌면 스즈노스케 군은 만약 자신이 죽더라도 다른 아이들에게 뭔가 보여주고 싶었는지도 모릅니다. 시장에게 메일을 보냈을 때는 물론, 입시를 치를 때에도 결코 포기하지 않았던 모습은 많은 사람에게 깊은 인상을 남겼습니다."

이듬해 1월, 이제 스즈노스케는 목 안이 짓물러 '아'나 '응'이라는 말밖에 말할 수 없었다. 물도 마실 수 없어 부모가 주스를 떠서 입술에 적셔주었다. 그런 상태가 되어도 스즈노스케는 포기하지 않았다. 어떻게 해서라도 대학에 들어가서 사회에 보탬이 되는 일을 하고 싶다는 일념으로 주위의 걱정을 뒤로한 채 시험에 도전했다.

1월 19일 시험 날이 되었다. 스즈노스케는 일어서기는커녕 의자에 앉아 있을 수조차 없었다. 부모가 밀어주는 침대형 휠체어를 타고 고사장에 들어간 그는 학교에서 마련한 특별교실에서 시험을 치렀다. 시험 내용과 시간은 다른 학생들과 똑같았다. 입회가 허락되지 않은 부모는 시험 시작 직전에 휠체어를 올려서 아이의 상반신을 일으켜준 뒤 다른 교실에서 대기했다. 스즈노스케는 연필을 잡기도 힘든 상태에서 통증과 구토를 참아가며 문제를 풀었다.

한 과목 60분의 시험이 끝나는 종이 울렸을 때, 스즈노스케는 겨우 의식을 붙잡고 있는 상태였다. 종소리와 동시에 부모가 교실로 달려와 등받이를 내리고 쉬게 했다. 그렇게 10분의 쉬는 시간 동안 호흡을 가다듬은 뒤 다시 다음 과목 시험을 치렀다.

아버지는 할 수만 있다면 언제 쓰러져도 이상하지 않을 아들을 말리고 싶었다. 그러나 아들이 마지막까지 대학 진학을 목표로 한 이상, 이 결정을 존중하고 지원해줄 수밖에 없었다.

19일과 20일, 스즈노스케는 이틀에 걸친 시험을 치러냈다. 지켜본 부모에게는 이 자체가 기적이었다. 아버지는 병원으로 돌아가기 전에 아들을 집으로 데리고 가 새로 구입한 침대를 보여주려고 했다. 집에 이렇게 편하고 좋은 침대가 있으니 돌아와서 얼마든지 편안하게 쉬라고 말해주고 싶었다.

그러나 교실을 나온 스즈노스케의 상태는 확실히 나빠져 있었다. 시험이 끝나자 긴장이 풀리면서 그간의 피로가 한꺼번에 몰려온 듯했다. 말을 걸어도 대답조차 하지 못했다. 할 수 없이 집으로 가지 못하고 바로 병원으로 향했다. 그리고 다음 날, 스즈노스케는 위독한 상태에 빠졌다.

아버지는 말한다.

"아들에게 시한부 이야기는 하지 않았어요. 하지만 머리가 좋은 아이니까 다 알고 있었는지도 모릅니다. 시험이 끝나고 쓰러지는 걸 보고 저는 메신저로 아들의 친구들에게 상황을 전했습니다. 아들의 삶이 얼마 남지 않았음이 보였기 때문입니다. 다음 날부터 중고생회 멤버를 비롯해 학교 친구들이 면회를 왔어요. 모두 입시 준비 열심히 하자, 꼭 같이 졸업하자며 말을 걸어주었습니다. 사람들이 한꺼번에 몰려와서 병실에 다 들어가지 못한 적도 있었습니다. 마지막 며칠 동안은 잠깐 의식이 돌아오기도 해서 아들도 친구들과 작별할 수 있었습니다."

아버지는 스즈노스케의 부탁으로 그의 모습을 비디오에 담았다. 비디오에는 많은 친구가 병문안 온 모습이 찍혔다. 그중에는 사키가 병실에 찾아온 장면도 있었다. 사키는 어머니가 밀어주는 휠체어를 타고 병실로 들어왔다. 분홍색 털모자를 쓰고 무릎에 귀여운 무늬가 그려진 담요를 덮은 채 한껏 멋을 낸 모습이었다.

스즈노스케의 곁을 지키고 있던 부모와 간호사가 "사키야!"하고 부르자, 그때까지 의식이 흐릿했던 스즈노스케가 순간 눈을 번쩍 뜨고 사키의 모습을 찾았다. 그리고 사키를 발견하더니 어디서 그런 힘이 나왔는지 놀랄 만큼 큰 목소리로 "야호!" 하며 맞아주었다. 예전부터 사키를 만나면 자주 외치던 말이었다.

"사키 밥 먹었대. 국에 말아서 잘 먹었대."

"오오!!"

스즈노스케는 어머니가 해주는 말에 반응했다. 그리고 나뭇가지처럼 가늘고 거뭇거뭇해진 팔을 뻗어 사키와 악수하고 하이파이브를 세 번 했다. 사키의 노력을 칭찬하기 위해 마지막 힘을 쥐어짠 것이다. 마치 사키에게 생명의 배턴을 건네는 듯 보였다. 그리고 시험 열흘 후인 1월 30일 저녁, 그는 침대에서 의식이 없는 채로 눈을 뜨지 못하고 숨을 거두었다. 18년의 인생이었다.

이 소식은 단번에 친구들에게 전해졌다. 중고생회의 초기 멤버였던 하루카는 같이 투병하다 1년 전에 세상을 떠난 친구의 어머니로부터 이 사실을 들었다. 얼마 전에 찾아갔을 때 병을 이겨내고 꼭 살자며 서로 격려했는데……. 믿기지 않았다.

하루카는 정신을 차리고 다른 중고생회 멤버에게 연락했다. 멀리 이사 갔거나 이미 세상을 떠난 친구들도 있었지만, 연락이 닿는 친구들에게 스즈노스케의 부고를 알렸다.

하루카는 회상한다.

"제가 스즈 군의 장례식장에 가리라고는 상상도 못 했습니다. 재발한 건 알았지만 스즈 군이라면 반드시 이겨낼 거라고 생각했으니까요. 병원에서 함께 지낼 때는 그다지 이성으로 의식하지 못했지만, 죽었다는 소식을 듣고 나서야 제게 둘도 없이 소중한 이성 친구였다는 것을 깨달았어요. 어쩌면 연애 대상으로 자각 못 할 정도로 큰 존재였는지도 모릅니다.

스즈 군은 대학에 가겠다는 꿈을 이루지 못했지만, 저는 가까스로 고등학교를 졸업해서 지금 대학에 다니고 있습니다. 간호사가 되고 싶어요. 스즈 군만큼 머리는 좋지 않지만, 난치병으로 괴로워하는 아이들을 도와주고 싶은 마음은 같습니다. 간호사가 되어 스즈 군을 비롯해 세상을 떠난 다른 친구들의 몫까지 열심히 살고 싶습니다."

한편 사키는 스즈노스케가 세상을 떠난 다음 날 부고 메시지를 받았다. 당시 헤르페스가 심해져 몸 상태가 좋지 않았지만, 작별 인사를 하고 싶어 어머니와 함께 장례식에 참석했다. 그리고 장례식장에 도착한 사키는 놀라서 그대로 멈춰서고 말았다. 수백 명의 조문객이 줄을 서 있었던 것이다. 학교 친구들, 검도 도장 친구들, 중고생회 친구들, 투병 친구들……. 발인식 전날 밤에는 1000명 넘게 몰리는 바람에 도로까지 인파가 넘쳐 교통경찰이 달려올 정도였다.

장례식장에는 스즈노스케가 건강했을 때의 모습이 영정사진에 담겨 있었다. 사키는 어머니와 함께 분향한 후 영정을 향해 묵념하며 작별 인사를 마쳤다. 지금까지 많은 이별을 경험했지만 이번 이별은 그 어느 것과도 달랐다. 가슴 한가운데 큰 구멍이 난 것 같은 상실감이 들었다.

같은 달, 사키는 병세가 안정되어 정식으로 퇴원했다. 집에 돌아온 뒤 5학년이 시작되는 4월부터 등교 준비를 했지만, 자나 깨나 생각나는 건 스즈노스케였다. 다정하게 격려해주던 모습이 생각나 매일 밤 눈물을 흘렸다.

그리고 한 가지 마음에 걸리는 게 있었다. 입원했을 당시 스즈노스케가 주겠다고 약속한 교복의 두 번째 단추를 받지 못한 것이다. 그를 더 이상 만날 수 없다면 그 단추라도 가지고 싶었다.

슬퍼하는 딸에게 어떻게든 힘이 돼주고 싶었던 어머니는 스즈노스케의 부모에게 연락했다. 그들은 이것이 귀중한 아들의 유품 중 하나였지만 선뜻 주겠다고 했다. 후에 스즈노스케의 어머니는 사키에게 단추를 건네면서 말했다.

"이걸로 나는 사키의 시어머니가 되는 거야. 스즈노스케와 마찬가지로 우리도 언제나 사키를 소중히 생각할 거야. 힘내서 살아가야 해."

단추를 소중히 받아 든 사키는 이것을 행운의 부적으로 생각하며 병과 싸워나가리라 다짐했다.

2010년 7월 29일 오후 7시, 오사카 의료센터 3층 벚꽃홀에서 특별한 심포지엄이 열렸다. 1년 전 열린 헬렌&더글러스 하우스와의 교류 세미나에 참석했던 관계자들이 프랜시스 수녀의 호소를 계기로 정식으로 프로젝트를 발족한 것이다. 이름하여 '어린이 호스피스 프로젝트 선언'이었다.

단체명에 '호스피스'를 붙일지 말지 관계자들 사이에서 몇 번이나 논의가 이루어졌다. 일본에서 호스피스는 죽어가는 사람들이 임종을 맞이하는 곳이라는 인상이 강했기 때문에, 이용자의 폭을 좁히는 게 아니냐는 우려가 있었기 때문이다.

그러나 호스피스의 어원은 오랜 여정으로 지친 순례자들이 피로를 풀 수 있도록 교회가 그들에게 잠시 쉬어갈 수 있는 편안한 공간을 제공하는 것에서 유래되었다. 세계의 소아의료 현장에서도 호스피스는 임종을 맞이하는 곳이라기보다는 환자와 가족에게 휴식을 제공하는 곳이라는 의미가 더 컸다. 관계자들은 이에 맞춰 일본에서 호스피스라는 말의 개념을 바꾸겠다는 각오를 담아 단체명을 '어린이 호스피스 프로젝트'라고 명명했다.

오후 4시 반이 지나자 각자의 직장에서 일을 마친 관계자들이 벚꽃홀로 속속 모였다. 일찍이 하라 준이치가 만든 완화의료 공부 모임에 참여한 사람들을 비롯해 환자의 부모, 보육교사, 물리치료사, 대학 교수, 기업가, NPO 관계자 등 모두 180명이 모였다.

행사가 시작되자 단상의 스크린에는 헬렌&더글러스 하우스의 영상이 나오고, 프랜시스 수녀를 비롯한 많은 사람의 축사가 이어졌다. 현장에 있던 사람들은 이 프로젝트가 전 세계로부터 큰 기대를 받고 있다는 것을 실감했다.

이어 다타라 료헤이가 단상에 올라 다음의 다섯 가지를 선언했다.

- 생명을 위협받는 병에 걸린 아이들과 그 가족들의 동반자로 활동한다.
- 아이들을 위한 완화의료를 실천한다.
- 영국 어린이 호스피스 가이드라인의 목적을 존중한 활동을 시행한다.
- 소아 완화의료 전문 시설 설립을 지향함과 동시에 지역에서의 완화의료를 실천한다.

・국제 소아 완화의료 네트워크의 헌장을 준수하며 전 세계 관련 시설, 단체, 관계자와 함께 소아 완화의료 발전을 지향한다.

이 항목들은 이 프로젝트의 발족이 어디까지나 시작점이라는 걸 뜻했다. 여기서 경험치를 쌓아 미래에 일본 최초의 민간 어린이 호스피스를 설립하고, 전국으로 확대해나간다는 계획이었다.

프로젝트의 이사회 명단에는 지금까지 분투한 사람들의 이름이 올라와 있었다. 이사 중에는 안도 데루코의 이름도 있었고, 상무이사로는 다타라 료헤이, 부이사장에는 하라 준이치의 이름이 기재되어 있었다.

그리고 대표이사 자리에 낯선 이름이 있었다. 다카바 히데키(高場 秀樹)였다. 후에 쓰루미 어린이 호스피스 설립의 중심인물이 되는 다카바는 IT 기업을 경영하고 있었는데, 큰아들이 난치병으로 오사카 의료센터에 다니고 있었다. 환자의 아버지가 왜 대표이사가 된 것일까.

다카바는 1968년 교토에서 태어났다. 5살 때 부모님이 이혼한 뒤 아버지는 재혼하여 다카바와 누나를 맡아 키웠다. 그러다가 다카바가 고등학교 1학년이 되었을 때, 가족에게 비극이 일어났다. 아버지가 우울증으로 스스로 목숨을 끊은 것이다. 고등학생이었던 누나는 대학 진학을 포기하고 취직했고, 다카바도 그해 겨울부터 집을 떠나 아르바이트를 하며 홀로 자취를 시작했다. 누나도 자신도 새어머니의 짐이 되고 싶지 않았던 것이다. 후에 다카바는 "이 시기의 경험을 통해 죽음은 항상 가까이 있기 때문에 해야 한다고 생각한 것은 마음먹은 순간 해야 한다는 사고가 몸에 배었다."라고 말했다.

고등학교를 졸업한 그는 호텔 벨보이로 취직했다. 그러나 아침부터 밤까지 일해도 손에 쥐는 돈은 고작 월 10만 엔 정도였다. 전망이 밝다고는 할 수 없었다. 그래서 21살 때 호텔을 그만두고 도쿄로 상경하여 음식점 기획과 운영을 지원하는 회사에 들어갔다. 음식점에 매니저로 파견되어 매출을 끌어올리는 일이었다. 다카바는 그곳에서 경영의 기본을 다진 뒤 27살에 홈페이지 제작 회사를 만들었다.

때는 1995년, 인터넷 여명기와 맞물려서 사업은 계속해서 성장했다. 다카바는 회사가 안정권에 접어들자 다양한 사업에 진출하여 30대에 들어섰을 때는 사회의 주목을 받는 젊은 기업가가 되었다. 그리고 순조로운 생활을 하다가 39살에 결혼했다. 자신은 물론 주위 사람 모두 행복한 미래가 펼쳐질 거라고 믿어 의심치 않았다.

그러나 그 믿음은 큰아들 소이치로가 태어나면서 깨지고 말았다. 아이가 심각한 뇌장애를 진단받은 것이다. 동공에 빛을 비추고 큰 소리를 들려줘도 반응이 없었다. 하루에도 몇 번씩 간질 발작을 일으켰는데, 생명을 위협할 정도로 심각할 때가 있어 그때마다 집중치료실(ICU)로 실려 갔다. 의사는 소이치로를 입원시켰다.

부모가 24시간 간호를 해야 하는 병원이어서, 아내가 병실에 상주하며 가래 흡인 등을 비롯해 여러 가지를 챙겼다. 병실에는 다른 부모도 많이 있었기 때문에 사생활은 전혀 보호받지 못했고, 기침 한번 하는 것도 눈치가 보였다. 내 자식이 죽을지도 모른다는 불안감, 앞날이 전혀 보이지 않는 초조함, 24시간 간호로 인한 긴장과 스트레스……. 다카바 부부는 순식간에 나락으로 떨어졌다. 정신적으로도 육체적으로도 한계에 몰렸다.

그러던 중 다카바는 24시간 간호가 필요 없는 오사카 의료센터로 옮겼는데, 이곳에서 아들이 중증의 뇌성마비가 확실하다고 진단받은 것이다.

"현대 의학으로는 소이치로 군의 병을 치료할 방법이 없습니다. 앞으로 신체가 성장해도 지능 발달은 기대할 수 없고, 말하는 것도 걷는 것도 할 수 없을 겁니다. 호흡하기 위해선 인공호흡기를 달아야 하고, 영양 공급도 위에 구멍을 내서 체내로 직접 주입해야 합니다."

평생 일어나지도 못할 뿐 아니라 간질도 완전히 억제할 수가 없다고 했다. 다카바 부부는 의사의 설명을 받아들일 수가 없었다. 치료법이 없다면 아들의 몸이 약해지는 것을 그저 지켜만 볼 수밖에 없다는 것인가. 적어도 의사소통은 가능하도록 만들어주고 싶었다. 일본에서 불가능하다면 해외에서 치료할 생각으로 백방으로 알아봤지만 모두 헛수고였다.

먼저 현실을 받아들인 것은 아내 쪽이었다. 소이치로가 나아질 가망이 없다면 둘째를 갖자는 말을 꺼냈다. 그러나 다카바는 그렇게 할 수 없었다. 둘째한테까지 또 같은 장애가 발견되면 어떻게 할 것인가. 지금은 소이치로를 간호하는 게 우선이라고 생각했다.

괴로움에 발버둥치던 다카바는 신흥 종교와 운세가 좋아진다는 거짓 상술에까지 빠졌다. 아들을 낫게 하겠다는 생각에 파묻혀 합리적인 판단을 할 수 없었던 것이다.

소이치로가 태어나고 2년이 지날 무렵이었다. 아이가 심한 발작으로 ICU에 들어간 때였는데, 의사가 다카바에게 교류 세미나 참석을 제안했다. 다카바는 큰 기대 없이 비가 쏟아지는 회장으로 향했다.

세미나가 시작되고 대형 스크린에 헬렌&더글러스 하우스의 일상이 나왔다. 휠체어에 탄 아이가 많은 직원에게 둘러싸여 있었다. 아이는 햇살 아래서 행복한 미소를 짓고 있었고, 그 곁에는 아이의 부모가 휴식을 취하면서 이를 흐뭇하게 바라보고 있었다.

영상을 본 다카바는 충격에 휩싸였다. 소이치로와 같은 아이가 저렇게 행복한 표정을 지을 수 있다니. 저런 호스피스가 있다면 아이를 데려가고 싶었다. 그러면 우리 가족도 저들처럼 병을 안고서도 웃으며 살아갈 수 있지 않을까. 세미나가 끝나갈

어린이 호스피스의 기적

무렵, 다카바는 어린이 호스피스의 완성을 염원하는 사람 중 하나가 되어 있었다.

그리고 얼마 후 하라를 비롯해 세미나 개최에 참여한 관계자를 만날 수 있었다. 그들은 프랜시스 수녀의 뜻을 받들어 어린이 호스피스 설립을 위해 열정적으로 논의하고 있었다. 그 열의에 감동한 다카바가 말했다.

"헬렌&더글러스 하우스에 대해 알게 된 후, 완전히 새로운 세상에 눈을 떴습니다. 일본에 호스피스를 설립하는 데 제가 할 수 있는 것이 있다면 돕겠습니다."

관계자들에게는 꼭 필요한 제안이었다. 새로 만드는 어린이 호스피스는 병원으로부터 재정과 인력이 독립된 곳이어야 했다. 그러려면 조직 운영 노하우가 필요했는데, 그들에게 부족한 것이 바로 다카바가 가진 이 노하우였다. 다카바는 지금까지 회사를 경영해왔기 때문에 조직의 운영에는 자신이 있었다. 그 부분이라면 힘이 될 것이었다.

수개월 후, 관계자들이 다카바를 찾아왔다.

"호스피스 설립을 위해 프로젝트를 발족할 예정입니다. 하지만 저희는 운영에 대해서는 모르는 것이 많습니다. 다카바 씨가 대표이사가 되어주셨으면 합니다만, 어떠십니까?"

"저 같은 사람이 맡아도 된다면, 최선을 다해보겠습니다."

이렇게 다카바는 어린이 호스피스 프로젝트의 대표이사가 되었다.

다카바는 이때의 감정을 다음과 같이 말한다.

"세미나에서 가장 감명 깊었던 것은 영국처럼 호스피스를 당연하게 여기는 사회가 존재한다는 것이었습니다. 그런 사회가 있을 거라곤 상상도 못 했습니다. 그리고 일본의 현실이 그렇지 못하다면 제가 바꿔나가자는 생각으로 프로젝트에 참여했어요.

프로젝트의 주요 관계자는 하라 선생님이나 다타라 선생님 같은 의료인이었습니다. 이 사이에서 전혀 다른 직종에 종사하는 저의 역할은 분명했습니다. 바로 시설을 설립하고 운영해가는 것이었습니다. 저에게는 의료기술은 없지만 자금 융통, 인재 발탁, 부지 확보에 관한 노하우가 있었으니까요."

그리고 2010년 12월, 어린이 호스피스 프로젝트는 일반사단법인으로 정식 등록되었다. 호스피스의 설립을 바라온 사람들이 그토록 염원하던 첫발을 내디딘 것이다.

오사카의 번화가인 신사이바시(心斎橋)에 있는 한 오피스빌딩에 다카바가 경영하는 회사가 입주해 있었다. 심플한 인테리어와 깔끔한 데스크, 사원들의 사복 차림에서 IT 기업 특유의 젊은 분위기가 물씬 느껴졌다.

그리고 이곳 데스크 중 하나가 어린이 호스피스 프로젝트의 사무국이었다. 얼마 안 되는 보조금과 기부금으로 활동해야 했기 때문에 사무공간을 빌린 것이다. 그 외에도 부족한 비용은 대부분 다카바가 부담했다.

이 데스크에 고바야시 기미코가 있었다. 앞서 3장에서 헬렌&더글러스 하우스와의 교류 세미나장에서 접수를 담당한 인물이다. 고바야시는 오사카 의료센터 소아과의 의료비서로 있었는데, 세미나장에서의 인연으로 퇴직 후에 이곳에서 아르바이트를 하게 되었다.

고바야시는 경찰관이었던 아버지 밑에서 4남매 중 차녀로 자란 오사카 토박이로, 누구에게나 마음을 터놓고 쉽게 말을 붙이는 성격이었다. 60대가 된 지금도 (이렇게 말하면 실례일지 모르지만) '참견하기 좋아하는 명랑 쾌활한 전형적인 간사이 지방 사람'이었다. 근무 중에도 얌전히 앉아 있는 게 고역인 듯 젊은 직원들에게 다들 너무 조용하다며 말을 걸거나 돌아다니면서 과자를 나눠줬다.

그는 프로젝트의 회계를 비롯해 가족에게 연락하는 일을 담당했다. 프로젝트에는 다카바나 하라와 같은 이사진 외에도 간호사와 보육교사 등 십수 명의 자원봉사자가 있었다. 대부분 중앙공회당에서 열린 교류 세미나에 참석하여 뜻을 같이한 사람들이었다.

프로젝트의 활동은 크게 다섯 가지였다. 모두 무료로 참가할 수 있었다.

· 두근두근 타임
· 두근두근 교실
· 유니클로 일일 점장 체험
· 방문 지원
· 엠티 지원(Travel Mate)

'두근두근 타임'은 간사이 국제 대학(Kansai University of International Studies)의 아마가사키(尼崎) 캠퍼스에 있는 넓은 놀이방을 빌려서 개최하는 행사였다. 자원봉사자 외에도 이 대학의 학생들까지 총 30여 명이 참여했다. 학생 대부분은 교육학부 소속으로 수업의 일환으로 온 것이다.

행사 내용은 그때그때 달라졌다. 가을에는 운동회를 개최하고 겨울에는 크리스마스 파티를 열었다. 여름 축제 때에는 봉사자들이 조를 짜서 노점을 열고 전통 춤을 추거나 금붕어 건지기 놀이 등을 했다. 계절별 축제가 아니더라도 달리기경주, 공작, 점토공예, 노래 부르기 등 다양한 행사를 기획했다.

아이들이 특히 좋아한 것은 그림책을 바탕으로 만든 '배고픈 애벌레'라는 연극이었다. 투명한 비닐봉지를 연결하고 그 안에 풍선을 넣어 거대한 애벌레를 만든 후, 과일이나 케이크 모양의 장난감을 계속 먹게 한다. 이윽고 과식한 애벌레는 복통을 호소하며 괴로워하기 시작한다. 그때 흰 가운을 입은 의사가 나타나서 청진기를 대고 진지하게 치료에 임한다. 그러면 애벌레는 건강해져서 아름다운 나비가 되어 날아가는 내용이었다. 아이들은 연극을 보면서 마치 자신이 애벌레가 된 듯 감동하곤 했다.

그렇다고 모든 아이가 놀이에 빠져드는 것은 아니었다. 병원이 아닌 장소에서 다른 사람들과 놀아본 경험이 적어서 사람들과 어떻게 어울려야 하는지 잘 모르는 아이들도 있었다. 고바야시는 그런 아이들을 찾아내서 말을 걸었는데, 한번은 입구에서 머뭇거리고 있는 아이를 발견하고 다가간 적이 있었다.

"추운데 와줘서 고마워. 아줌마랑 함께 구경하러 가볼까?"

"……."

"다 좋은 언니 오빠들이야. 자, 어서 와."

고바야시는 아이의 손을 잡고 봉사자들에게 데리고 가서 "이 아이랑 사이좋게 지내야 해. 잘 대해줘."라고 말했다. 잠시 후 아이는 자연스럽게 무리에 섞였다.

한창 놀고 싶은 아이들은 금세 서로 친해졌다. 병원에서는 노는 게 제한되어 있어서 몸 상태가 좋을 때 실컷 놀기 위해 큰 소리로 떠들었다. 평소에는 의료진에게 응석 부릴 수가 없어 봉사자의 무릎 위에 앉아 떨어지지 않으려는 아이도 있었다. 행사에 온 대학생들에게 몇 번이고 높이높이 안아달라고 조르는 아이도 있었다. 다들 병원에서는 할 수 없는 행동을 마음껏 하느라 신난 모습이었다.

오전 내내 봉사자들과 놀고 점심 식사를 한 후에는 영화를 봤다. 프로젝터를 천장에 비춘 다음 모두 마루에 누워서 감상했다. 이때 배가 불러서 도중에 조는 아이들도 많았다.

이러한 행사는 아이들이 즐거운 시간을 보낼 수 있게 하는 것도 있었지만, 부모들에게 휴식을 주기 위한 목적도 있었다. 부모들은 아이들 곁에서 한시도 떠나지 못하고 계속 긴장된 상태로 지내왔다. 특히 어머니들은 아이들과 떨어져서 하고 싶은 것을 하라고 하면 오히려 당황해서 어찌할 바를 몰라 했다. 고바야시는 그들의 어깨를 두드리며 큰 소리로 말했다.

"어휴, 어려 보이네. 애기 엄마, 우리 딸이랑 비슷한 나이인 것 같은데, 밖에 나가면 좋은 곳이 엄청 많아요. 남편이랑 오랜만에 데이트라도 해요. 반나절이라도 자유시간 즐기고 오면 10년은 더 젊어져서 훨씬 기운이 날 거야!"

고바야시의 격려에 어머니는 용기를 내어 "그럼 잠깐 나갔다 오겠습니다."라며 밝은 표정으로 외출했다.

두 번째 '두근두근 교실'은 고요 특별지원 학교의 교실 하나를 빌려서 하는 행사였다. 여기서는 아이들의 놀이 외에 부모를 위한 행사도 개최했다. 간담회나 아로마 만들기 교실을 열어서 서로 친목을 도모하는 것이 목적이었다.

그동안 부모들은 서로 병원에서 마주쳤을 때 짧은 대화는 나누었지만 퇴원 후까지 연락을 주고받는 일은 거의 없었다. 하지만 당사자들끼리 소소한 푸념을 늘어놓음으로써 마음이 풀리는 경우도 적지 않았다. 이렇듯 부모와 부모가 이어지면서 자연스럽게 가족 지원으로 연결됐다.

이와 별개로 환자와 사회의 교류를 촉진하는 행사도 있었다. 바로 세 번째 '유니클로 일일 점장 체험'이었다. 매회 3명 정도의 아이들을 유니클로 매장의 일일 점장으로 초대하는 시간이었다. 아이들은 계산대에서 주문사항을 입력하거나 무전기를 차고 대화했다. 고객 응대도 배웠다.

그중에서 아이들에게 인기였던 것은 자신이 좋아하는 옷으로 마네킹을 꾸미고 쇼윈도 앞에 진열하는 것이었다. 병으로 인해 사회와 단절된 생활을 하던 아이들에게 자신이 코디한 옷이 손님의 눈에 띄어 판매되는 것은 신선한 체험이었다. 또 자신들이 손님이 되어 좋아하는 옷을 살 수도 있었다.

고바야시에게 깊은 인상을 남긴 것은 12월 어느 추운 날, 우메다역 근처에 있는 유니클로 오사카점에서 열린 행사였다. 참가자는 초등학생 남자아이 둘과 고등학생 여자아이 하나였다. 모두 오사카 의료센터에서 치료를 받는 소아암 환자였다.

고바야시는 이날도 아이들과 부모들에게 적극적으로 말을 걸며 행사장 분위기를 밝게 하고 있었다. 이때 친해진 아이가 고등학교 3학년생 마쓰시타 아케미(가명)였다. 중증 암 환자였던 아케미는 석 달 후에 있는 졸업식까지 살 수 없을 것이라는 진단을 받은 상태였다. 아케미는 즐겁게 마네킹을 꾸미다가 옆에 있던 고바야시에게 문득 말했다.

"저 퍼포먼스 그룹 트리플에이를 좋아해요. 언젠가 콘서트에 가보고 싶어요."

"이름 근사하네. 잘생긴 애들 많아?"

"메인 보컬은 여자고 나머지는 남자예요. 멋진 그룹이에요."

"다음에 아줌마한테 트리플에이 노래 중에 제일 좋은 거 알려줘. 시디 사서 들어볼게. 나도 팬이 될지도 모르지."

고바야시는 아케미가 마음에 들어서 함께 왔던 아케미의 어머니와 연락처를 교환했다. 행사 이후 고바야시는 종종 아케미에게 문자를 보내곤 했다. 트리플에이의 노래가 TV에 나왔어,

몸 상태는 좀 어때?, 이제 곧 벚꽃이 피겠네…….

봉사활동의 원칙상 행사 후에 환자와 개인적으로 연락을 주고받는 것은 삼가야 했지만, 고바야시는 아무래도 상관없었다. 행사장에서 본 아케미의 환한 미소와 그 아이가 지금도 병마와 싸우고 있는 것을 생각하면 뭐라도 하지 않고서는 견딜 수 없었기 때문이다. 아케미도 아케미의 어머니도, 고바야시의 연락을 받으면 무척 반가워하며 매번 긴 회신을 보냈다.

3월이 되어 졸업식 날이 가까워졌다. 고바야시는 봄을 맞이할 수 없을 거라던 아케미가 지금까지 버텨준 것이 대견했다. 그래서 꽃다발을 선물하러 찾아가기로 했다.

아케미의 집 근처 역까지 가자 아버지가 차로 마중 나와 있었다. 집에 가보니 잠옷 차림의 아케미가 침대에 누워 있었다. 12월에 만났을 때와 비교하면 눈에 띄게 수척해져 있었다. 얼굴은 검게 변하고 말조차 제대로 할 수 없는 상태였다. 고바야시는 아이를 격려했다.

"졸업 축하해. 이제 완전 어른이네. 정말 장하다. TV에 트리플에이 나오는 거 봤어. 건강해지면 또 얘기하자."

아케미는 누운 채로 미소를 지어 보였다. 그러나 이것이 마지막 만남이었다.

고바야시가 아케미의 소식을 들은 것은 6월이었다. 하라가 전해주었다. 각오는 하고 있었지만 막상 그 말을 들으니 가슴이 저려왔다.

고바야시는 아케미의 부모에게 연락하여 장례식장으로 달려갔다. 장례식장에는 아케미가 아직 건강했을 때의 사진이 많이 있었다. 고바야시는 그 사진을 한 장 한 장 둘러보았다.

사진 속 아케미는 10대 소녀답게 천진난만하게 웃거나 장난기 가득한 표정을 짓고 있었다. 눈부시게 반짝이는 사진 속 모습들을 보고 원래는 이렇게 생기발랄한 아이였구나 새삼 느꼈다. 그동안 자신이 본 아케미는 투병 중인 모습이었기 때문이다.

고바야시는 한 번이라도 좋으니 이렇게 밝고 건강한 아케미와 즐겁게 이야기해보고 싶다는 생각을 하며 분향했다. 그 뒤 조용히 장례식장을 나오려는데 아케미의 어머니가 그를 불렀다.

"고바야시 씨, 오늘 와주셔서 정말 감사합니다."

어머니는 머리 숙여 인사하며 고바야시가 자신들에게 그간 얼마나 큰 힘이 되어줬는지 말했다. 고바야시는 그 말을 들으면서 프로젝트의 활동을 통해 아이들과 이어지는 것의 의미를 다시 한번 실감했다.

고바야시는 말한다.

"그날 유니클로에 왔던 셋 중 둘이 이미 세상을 떠났습니다. 그래도 그 아이들을 만나면서 저는 말을 건네는 것이 중요하다는 것을 깨달았어요. '잘 왔어.'라든가 '다음에 만나서 또 얘기하자.'와 같은 사소한 말이라도 괜찮습니다. 그것으로 아이들과 이어질 수 있다면, 저 같은 아줌마도 아이들에게 위안을 주는 존재가 될 수 있어요. 어린이 호스피스 프로젝트는 이런 작은 연결고리를 하나씩 만드는 시도입니다."

또한 프로젝트 측은 병세가 위중해 외출할 수 없는 아이들을 위해 방문 지원을 했다. 자원봉사자 2명이 한 조가 되어 난치병 아이의 자택을 방문하여 함께 노는 것이었다.

오사카 의료센터에서 일하고 있던 야마지 리에도 여기에 합류했다. 야마지가 방문 지원을 간 곳 중에 2살 여자아이의 집이 있었다. 오랜 기간 NICU에서 치료를 받다가 인공호흡기를 달고 퇴원한 아이였는데, 몸 일부가 마비되어 마음대로 외출할 수가 없었다. 어머니도 간호와 부업에 쫓겨 심신이 지친 상태였다. 아이의 담당의사가 프로젝트 측에 부탁해왔다.

"입술은 마비되지 않아서 말할 수 있어요. 하지만 줄곧 입원해 있었던 탓인지 좀처럼 말을 하려고 하지 않네요. 방문 지원으로 즐거운 분위기를 만들어서 아이가 스스로 말하고 싶게끔 해줄 수 있을까요?"

프로젝트 측은 이 부탁을 받고 야마지와 음악치료사를 자택에 파견했다. 아이가 초등학교에 들어가기 전까지 사람들과 접촉할 기회를 늘려 조금이라도 말을 할 수 있도록 하는 것을 목표로 했다. 아이의 집에 도착한 야마지 일행은 놀이를 통해서 교감을 시도했다. 음악치료사는 가지고 온 악기를 연주한 뒤 아이에게 건넸다. 음악을 접한 아이가 자기표현의 즐거움에 눈뜨게 하려는 생각이었다.

야마지는 아이의 손가락이 조금 움직이는 것을 보고 색종이 붙이기 놀이를 하자고 권했다. 처음에는 별로 내키지 않아 했던 아이는 다른 형제가 하는 것을 보더니 자극을 받은 듯 손을 움직이기 시작했다.

야마지는 이때를 회상한다.

"방문 지원을 했을 때 느낀 점은 역시 퇴원 후의 돌봄이 아이들의 QOL에 직결된다는 것이었습니다. 병원은 치료가 끝나면 아이를 집으로 돌려보냅니다. 그때부터는 가족이 아이를 돌보게 돼요. 하지만 그들은 전문가가 아니기 때문에 어떻게 해야 하는지 잘 모릅니다.

그럴 때 전문가가 찾아가면 상황이 달라집니다. 이 아이는 놀이를 통해서 음악과 공작의 즐거움에 눈을 떴고, 그걸 배우는 시간 동안 가족이 쉴 수 있었습니다. 다른 가족에게도 이러한 시간을 만들어주고 싶다고 생각했습니다."

프로젝트의 활동 중에서 가장 인기가 있었던 것은 연 2회 열리는 '엠티 지원'이었다. 프로젝트 봉사자와 함께 당일치기 여행을 떠나는 것으로, 행선지는 바비큐장, 사찰, 유니버설 스튜디오 재팬(Universal Studios Japan, USJ) 등이었다.

이것도 심포지엄을 계기로 실현된 프로그램이었다. 당시 다타라가 심포지엄 회장에 웰컴 캐릭터를 부르기 위해 USJ의 관계자에게 문의한 적이 있었다. 한창 협의를 하던 중, 얼마 전 USJ에 방문한 난치병 어린이의 몸 상태가 나빠져 구급차를 불렀는데 이송할 병원을 좀처럼 찾지 못했다는 얘기가 나왔다. 다타라는 다음에 같은 일이 생기면 오사카 의료센터로 연락해달라고 말했다. 이것이 인연이 되어 USJ 측에서 아이들을 초대하겠다는 제안을 했고, 그렇게 엠티 지원이 시작되었다.

한 번에 갈 수 있는 인원은 5명 내외였다. 희망자가 많았기 때문에 프로젝트 측은 병세가 위중하고 치유될 가망이 없는 아이들을 우선적으로 선정했다. 가족이 USJ의 입구까지 아이를 데리고 가서 자원봉사자와 합류했다. 이후 돌아다니며 놀이기구를 타다가 아이들이 가고 싶다고 말하는 곳은 동행한 USJ의 직원이 조치를 취해 먼저 입장하게 했다.

당시 여기에 참가한 야마지는 말한다.

"아이들을 곁에서 돌보기 위해 매번 봉사자 외에 의사나 간호사도 함께했습니다. 병세가 심각한 아이들이었기 때문에 만일의 사태에 대비하기 위해서였지요. 물론 의사나 간호사도 봉사자였어요. 이러한 활동이 가능한 이유는 이것이 자원봉사자로 이루어진 민간단체였기 때문입니다. 만약 병원에서 이런 활동을 한다면 환자의 건강 때문에 제약이 붙거나 간병인들의 급여가 발생하겠지요. 하기 어려웠을 겁니다."

이것이 민간단체가 지니는 강점이었다.

소아암 거점
병원이 되다

이 무렵, 오사카 의료센터에 근무하는 하라와 동료들은 의료
현장을 바꾸기 위해 새로운 걸음을 내디뎠다.

하라가 마주한 과제는 소아암 아이들의 치료 환경 개선이었
다. 일본의 암 치료 현장은 2006년 '암 대책 기본법'을 제정하면
서 크게 변화하고 있었다. 전국에 국립 암 센터(현 국립 암 연구
센터)를 정점으로 한 암 진료 거점 병원이 300개 이상 지정되었
고, 각 병원의 연계를 통해 의료수준을 끌어올림으로써 어느 지
역에서도 일정 수준의 치료를 받을 수 있는 시스템이 마련되었
다. 암 환자에 대한 완화의료도 함께 도입되었다.

그러나 이 암 대책 기본법은 성인 환자에 대한 대책을 주요
내용으로 삼고 있었다. 소아암에 대한 환경 개선은 뒷전이었다.
환자 수가 성인에 비하여 적었기 때문이다.

하라는 소아암 환자에게도 성인과 같은 의료환경이 갖춰져

야 한다고 생각했다. 그러기 위해서는 난치병 어린이들이 전문 병원에서 적절한 치료를 받고, 가족도 지원을 받을 수 있는 시스템을 만들어야 했다.

2010년, 하라는 어떻게 하면 일본 사회를 움직일 수 있을지 매일 고민했다. 그러던 어느 날, 난치병 아이를 둔 언론 관계자로부터 제안을 받았다. 국립 암 센터 명예총장인 가키조에 다다오를 만나 소아암 환자에 대한 대책을 부탁해보지 않겠느냐는 것이었다.

당시 가키조에는 후생노동성의 암 대책 추진 협의회의 회장이기도 하여 사회를 움직일 힘이 있었다. 하라는 협의회의 사무국을 방문했다. 그리고 가키조에를 만나 소아암 치료에도 거점 병원 설치 등의 개혁이 필요하다고 호소했다.

하라의 의견을 들은 가키조에는 소아암 환자에 대한 지원이 부족하다는 것을 잘 알고 있다며, 앞으로 어떤 방식으로 대책을 마련할지 구체적인 논의가 필요하다고 말했다.

그리고 암 대책 기본법이 제정된 다음 해, 이에 근거하여 '암 대책 추진 기본 계획'이 수립되었다. 5년을 1기로 하는 계획이었다. 그러나 2007년부터 시작된 제1기 계획에는 성인에 대한 대책만 있을 뿐 소아암에 관한 항목은 없었다.

또한 하라는 다타라를 비롯한 사람들과 함께 두 번에 걸쳐 영국으로 연수를 갔다. 헬렌&더글러스 하우스와 어린이병원을 둘러보며 선진 시스템을 살펴보고 일본의 소아의료 개혁에 참고 했다.

하라는 말한다.

"영국의 소아의료에 관해 알고는 있었지만, 실제로 가서 보니 일본보다 훨씬 앞서 있다는 것을 실감했습니다. 영국에는 17개의 소아암 거점 병원이 있는데, 병원마다 높은 기술을 지닌 전문의와 완화의료팀이 있습니다. 환자가 퇴원한 후에도 간호사들이 정기적으로 환자의 자택을 방문하여 지원하는 시스템이 잘 갖춰져 있더군요.

무엇보다 병원과 민간 호스피스의 연계가 매우 잘 이루어지고 있는 점에 감탄했습니다. 병원이 하나부터 열까지 모든 것을 다 담당할 수는 없기 때문에, 맡길 수 있는 것은 민간 호스피스에 맡기고 병원이 지원할 수 있는 것은 지원하는 형식이었어요. 만약 일본에 어린이 호스피스를 만든다면 이러한 연계는 필수라고 생각했습니다."

하라와 팀원들은 조사를 거듭하여 결과를 정리하고 일본에서의 이상적인 소아의료를 제안했다.

같은 시기, USJ 측에서 오사카 의료센터에 새로운 프로젝트를 제안했다. 이곳은 2006년부터 합동 회사를 설립해 'USJ 드림 위버스'라는 사회 공헌 사업을 진행하고 있었다. 자선행사 등을 통해 모인 돈을 복지나 의료 분야에 기부하는 사업인데, 담당자가 다타라에게 이 사업을 통해서 난치병 아이들을 지원하고 싶다는 의향을 전해왔다. 다타라는 센터에 새로운 병실을 짓고 싶었다.

"우리 병원에 아이들을 위한 완화의료 병실을 만들어주실 수 있을까요? 아이들이 가족과 함께 편안한 마지막을 맞을 수 있는 곳을 마련해주고 싶습니다."

이 요청이 받아들여져 센터에 일본 최초의 어린이 전용 완화의료 병실이 생겼다.

그리고 2012년 9월 24일, 그토록 기다리던 병실이 개관했다. 센터 가장 높은 18층 완화의료 병동의 한쪽에 완성된 이 병실은 '유니버설 원더 룸'이라고 이름 붙여졌다. 이 병실은 동화 속 나라를 그대로 재현한, 꿈과 같은 공간이었다. 벽부터 쿠션, 베개, 그리고 세면대 거울까지 다양한 캐릭터가 그려져 있었다. DVD 플레이어나 TV 게임도 구비되어 있었다. 병실 전체가 레저 시설처럼 꾸며져 있어 가족이나 친척, 친구들도 와서 즐겁게 지낼 수 있었다. 다타라는 왜 완화의료 병동 안에 어린이 전용 병실이 필요한지 설명한다.

"어린이병동은 일반병동에 비해 규칙이 상당히 엄격합니다. 감염증 예방 때문에 환아의 형제는 출입할 수 없고, 친구들도 만나러 올 수 없습니다. 부모님이 만들어준 음식도 마음 편히 먹지 못합니다. 하지만 아이들은 곧잘 엄마가 해주는 밥이 먹고 싶다고 말하지요. 가족들도 보고 싶어 합니다.

그런데 이 병실이 생기면 아이들의 QOL이 현격하게 상승합니다. 가족 곁에서 평범한 아이로 살아갈 수 있어요. 형제와 같은 소파에 앉아 게임을 하고, 친구들을 초대하고, 침대 위에서 엄마가 만들어준 도시락을 먹는 그런 일상을요. 소아 완화의료를 충실히 하기 위해서도 필요한 공간입니다."

이 병실이 지어지기 전부터 다타라는 새로운 시도를 했다. 매주 월요일 정오가 지날 무렵, 완화의료 병동의 한쪽에서 작은 음악회를 연 것이다.

병동 사람들을 대상으로 한 음악회는 1시간가량 진행되었다. 음악치료사가 곡 리스트를 환자들에게 나누어주고 그 자리에서 신청을 받아 팝송에서 엔카(演歌)까지 연주했다. 다타라도 기타리스트로 참가했다.

환자들은 가만히 듣거나 가사를 보고 함께 노래를 부르는 등 자유롭게 즐겼다. 혼자서 지팡이를 짚고 찾아온 중년 환자, 아들이 밀어주는 휠체어를 타고 온 어르신, 간호사의 부축을 받으며 온 30대 환자 등 다양한 사람들이 모였다.

난치병 아이들도 부모와 함께 왔다. 곡 리스트에는 〈날아라 호빵맨〉〈포켓몬스터〉〈도라에몽〉 등의 주제가도 있어서 연주에 맞춰 노래하거나 리코더를 불기도 했다.

아이들이 노래하면 부모들도 함께 어깨를 들썩이며 따라 불렀다. 주변 어른들도 손장단을 쳤다. 연주가 끝나면 박수가 터져 나오고 앙코르가 이어지기도 했다. 이러한 시간을 통해 사람들의 마음은 평온해졌다.

다타라는 이어 말한다.

유니버설 원더 룸 전경

"저는 중학생 때부터 줄곧 밴드 활동을 해왔습니다. 대학 시절에는 친구와 함께 일본 전역을 돌며 라이브 공연도 했지요. 이런 경험을 바탕으로 환자들이 음악으로 행복해질 수 있는 시간을 만들고 싶었습니다.

음악은 좋은 거예요. 환자들은 노래를 부르면서 몰라보게 기운을 되찾고 다른 참가자들과도 한마음이 될 수 있어요. 음악을 들으면서 눈물을 흘리는 사람도 있습니다. 지금까지 사이가 나빴던 부모 자식 간의 관계가 다시 깊어지기도 합니다. 병동에서 듣는 음악에는 상상 이상의 힘이 있습니다. 환자 한 사람 한 사람의 남은 시간이 음악을 통해서 조금이라도 더 빛나기를 바랍니다."

2012년, 센터에 고대하던 소식이 전해졌다. 후생노동성이 발표한 '제2기 암 대책 추진 기본 계획'에 하라와 다타라가 간절히 바라온 '소아에 대한 암 대책 충실'이라는 항목이 포함된 것이다.

또 이 계획의 중요한 요건 중 하나가 소아암 거점 병원의 설치였다. 성인과 마찬가지로 어린이 거점 병원을 전국에 만들어 그곳에서 전문적인 치료를 시행할 수 있도록 하는 것이었다. 거점 병원으로 지정되면 전문적인 치료뿐 아니라 완화의료와 장기 추적검사 체제를 잘 갖추어야 했다. 이를 위해 연간 2천만 엔정도의 지원금이 나왔다.

후생노동성은 거점 병원 모집에 응모한 전국 37개 병원 중에서 15개 병원을 선정했다. 오사카에서는 두 곳이 지정되었는데,

그중 하나가 오사카 의료센터였다. 명실공히 간사이 지역의 소아암 치료 거점지가 된 것이다.

호스피스
1호 등록자

　의료현장에서 완화의료와 장기적인 지원이 중요해지면서 어린이 호스피스 프로젝트의 활동의 폭은 점점 넓어졌다. 의료인이나 부모들이 프로젝트 측에 지원을 요청하기 시작한 것이다.

　하라와 다카바 등 프로젝트의 핵심 멤버는 이와 별개로 자금조달, 부지 선정, 직원 모집 등 호스피스 설립을 위해 본격적으로 움직이기 시작했다. 봉사자들과 이용자들도 이를 듣고 완성의 꿈에 부풀었다.

　그러던 중, 한 소녀가 세상을 떠났다. 호스피스에서의 생활을 기대하고 있던 기타 유키나(喜多 優希茉)였다. 유키나는 2011년 4월 2일 태어났다. 부모는 30대 중반에 갖게 된 첫딸을 애지중지했다. 그러나 유키나가 2살이 되었을 무렵, 몸에 이상이 생긴 것을 알게 되었다. 황금연휴에 여행을 가기 위해 준비하고 있을 때였다. 어머니 나오코가 유키나를 씻기다가 엉덩이와 허리 사이에 멍울이 있는 것을 발견했다.

멍울을 만져도 유키나는 멀뚱거리기만 할 뿐 아픈 기색을 보이지 않았다. 하지만 멍울이 신경 쓰인 나오코는 아이를 병원에 데리고 갔다. 혈액검사에서는 이상이 없었다. 그러나 한시름 놓은 것도 잠시, 멍울은 날이 갈수록 커졌다. 아무래도 이상해서 이번에는 MRI를 찍었는데, 의사가 바로 입원해서 정밀검사를 받으라고 했다. 며칠 후 결과가 나왔다.

"소아암의 일종인 횡문근육종입니다. 3기입니다."

이는 4단계 중 3단계에 해당하는 수준으로, 림프절까지 전이가 진행된, 매우 심각한 상태를 의미했다.

"나을 수 있나요?"

"평균 생존율은 30퍼센트 정도입니다."

"30퍼센트요······."

"어디까지나 일반적인 생존율이에요. 그와 관계없이 이 아이의 완치를 목표로 힘을 냅시다."

나오코는 그 말을 듣고 유키나를 살리기 위해 적극적으로 치료에 임하기로 마음먹었다. 그리고 유키나를 오사카 의료센터로 옮겼다.

나오코는 이때의 일을 회상한다.

"오사카 의료센터의 시설과 서비스가 더 좋다는 인상을 받았습니다. 침대를 가리는 커튼은 널찍하고 깨끗했고, 넓은 놀이방도 있었습니다. 생과일도 먹을 수 있었고요. 보육교사도 매일같이 찾아와서 놀아주었습니다. 외출도 자유롭게 할 수 있었어요. 유키나도 곧 익숙해져서 좋아했습니다."

하라를 비롯한 여러 사람이 매달려온 병원 개혁의 성과가 이제 환자가 실감할 수 있을 만큼 진행된 것이다.

그러나 의료진이 최선을 다해 치료했음에도 불구하고 유키나의 병세는 호전되지 않았다. 수술을 했지만 종양을 완전히 제거할 수 없었고, 항암제 치료에서도 기대하는 효과를 보지 못했다.

2014년 2월, 유키나는 퇴원하여 외래에서 경과를 관찰했으나 같은 해 9월 재발했다. 이제 항암제 치료로도 전이를 막을 수 없었다. 측두부부터 발까지 계속해서 종양이 생겨 해가 바뀔 무렵에는 온몸에 멍울이 생긴 것이 육안으로 확인될 정도였다. 고통스러운 치료가 반복되면서 3살 유키나의 몸은 비명을 질렀다. 의사가 하고 싶은 것이 있냐고 물어도 유키나는 가냘픈 목소리로 중얼거릴 뿐이었다.

"아무것도 하고 싶지 않아……. 마음에 구멍이 나서 별님이 전부 나가버렸어……."

그 시기에 나오코는 병동에서 알게 된 다른 부모로부터 '메이크어위시(Make-A-Wish, Japan)'라는 재단에 대해 듣게 되었다. 난치병 아이들의 꿈을 모아 그것을 이루어주는 활동을 하는 재단이었다.

이거다 싶었던 나오코는 재단 측에 도쿄 디즈니랜드에 가고 싶다는 소원을 제출했고, 그 소원이 통과되어 유키나와 함께 다녀올 수 있었다. 이 여행을 통해 유키나는 긍정적으로 변했다.

"마음속에 별님이 돌아와서 반짝반짝 즐거워!"

"그렇구나. 별님은 무슨 색이야?"

"분홍색이랑 빨간색이야. 엄청 빛나고 예뻐!"

나오코는 이를 계기로 유키나에게 세상에 즐거운 것이 많이 있다는 것을 알려주고 싶었지만, 둘째를 임신하고 있어서 거동이 불편한 상태였다. 그래서 지원받을 단체를 찾던 중 어린이 호스피스 프로젝트의 존재를 알게 되었다.

나오코는 이어 말한다.

"딸의 완치를 바랐지만 병은 점점 심해졌습니다. 괴로운 치료를 계속하기보다는 아이의 행복을 생각하는 편이 낫다는 선생님의 말을 듣고서 앞으로 어떻게 해야 할지 남편과 계속 상의했습니다. 그리고 저희 부부는 딸에게 즐거운 추억을 최대한 많이 만들어주자고 다짐했습니다. 그러려면 아무래도 다른 사람의 손길이 필요했기 때문에 프로젝트 측의 도움을 받고자 했습니다."

프로젝트 측은 임신한 나오코와 걷는 게 어려운 유키나의 상황을 고려해 방문 지원을 시작했다. 이때 파견한 자원봉사자가 3장에 나온 니시데 유미였다. 이전의 직장에서 소아의료의 한계를 고민하던 중 헬렌&더글러스 하우스와의 교류 세미나에 참석하여 감동받은 간호사였다.

니시데는 그 세미나가 끝난 후 보다 수준 높은 의료체제에서 난치병 아이들을 돌보고 싶어 어린이 전문 병원으로 이직했다. 그리고 거기에서 기억에 남을 환자를 만나게 된다.

그 환자는 고등학교 2학년 남자아이였다. 종격동 종양 (mediastinal tumor)으로 완치는 거의 불가능한 상태였다. 본인도 병세를 알았지만 축구부 활동을 계속하고 싶어 재택의료로 전환했다. 다른 아이들처럼 평범한 일상을 보내고 싶어서 가슴에 카테터(catheter)를 삽입하는 것도 거부했다. 의사에게 사정하여 이탈리아로 가는 수학여행에도 참가했다.

그러나 아이의 몸에 자리 잡은 암은 계속 퍼져나갔고, 어느 날 학교 조례 시간에 갑자기 의식을 잃고 쓰러져 병원으로 이송되었다. 그 길로 위독한 상태에 빠진 아이에게 매일같이 학교 친구들이 찾아왔다. 친구들은 병상 옆에서 손을 잡고 격려해주거나 학교에서 있었던 일을 이야기해주었다. 아이가 주변의 사랑을 많이 받고 있다는 것을 알 수 있었다.

병원에 실려 온 지 일주일 정도 지났을 때, 그 아이는 결국 의식을 되찾지 못하고 세상을 떠났다. 가족들은 슬퍼했지만 받아들이는 듯했다. 아들이 마지막까지 최선을 다한 삶을 산 것이 자랑스러웠을 것이다. 니시데는 이 아이를 통해 완치만이 전부가 아니라는 것을 다시 한번 깨달았다.

얼마 후 니시데는 결혼을 하면서 병원을 떠났지만 이 남학생의 죽음이 머릿속에서 떠나지 않았고, 어떤 방식으로든 난치병 아이들에게 도움이 되고 싶다고 생각했다. 그러던 중 마침 프로젝트 봉사자의 권유로 방문 지원에 참가했는데, 파견된 곳에서 만난 아이가 유키나였다.

보육교사와 함께 집을 방문한 니시데는 유키나를 처음 본 순간 너무나도 사랑스러워서 꼭 끌어안고 싶었다. 멍울이 머리 옆으로 튀어나와 있고 피부는 거뭇해져 있었지만, 환하게 웃는 얼굴에서 가족의 사랑을 듬뿍 받고 자란 것이 느껴졌다.

첫날은 실내에서 상태를 지켜보면서 유키나가 좋아하는 놀이를 했다. 또 좋아하는 애니메이션이 있으면 말해달라고 했더니, 유키나가 신이 나서 몸짓을 섞어가며 줄거리와 캐릭터를 이야기했다. 니시데는 열심히 떠드는 아이가 사랑스러워 견딜 수가 없었다.

이날부터 니시데는 정기적으로 유키나의 집을 방문했다. 그림을 그리며 같이 놀거나 벚꽃 시즌에는 근처 공원으로 소풍을 나가 벚나무 아래에서 직접 만든 샌드위치를 먹었다. 바깥 공기를 마시고 기분이 좋아진 유키나가 모래놀이를 하고 싶다고 했을 땐 온몸이 모래투성이가 되도록 아이와 놀았다.

그러는 중에 니시데는 종종 유키나의 사진을 찍었다. 앞으로 아이가 몸을 움직이지 못할 것이라는 걸 알았기 때문에 하루라도 더 건강한 모습을 담은 것이다.

니시데는 말한다.

"유키나가 아직 몸을 움직일 수 있을 때 앨범을 만들어서 선물하려고 했습니다. 그 아이를 그림책의 주인공으로 만들어주고 싶었어요. 사진마다 설명을 달고 애니메이션 캐릭터도 함께 넣었습니다. 말풍선과 메시지도 그려 넣었습니다. 본인도 가족도 언제 봐도 즐거웠으면 좋겠다는 마음으로요.

앨범을 받고 유키나는 무척 좋아했습니다. 마지막이 다가와서 완화의료 병실에 들어갔을 때, 유키나는 그 앨범을 들고 가서 다타라 선생님과 야마지 씨에게 자랑했다고 합니다. 그 얘기를 듣고 만들기를 정말 잘했다고 생각했습니다."

유키나를 만난 건 니시데에게 평생 잊을 수 없는 시간이었다. 이 만남을 통해서 어린이 호스피스 프로젝트가 지향하고 있는 것이야말로 자신이 하고 싶은 일이라고 확신했다.

한편 유키나의 부모도 아이에게 행복한 추억을 만들어주기 위해 여행을 다녔다. 주로 간사이 지방의 테마파크나 온천에 갔다가 시간이 되면 하룻밤 머물기도 했다.

어머니 나오코는 말한다.

"딸은 4년밖에 살지 못했습니다. 그마저도 마지막 1년은 입퇴원을 반복했기 때문에 자유롭게 지낼 수 있는 날은 한정되어 있었어요. 그래도 그 얼마 안 되는 날이라도 다른 평범한 아이들이 20년, 30년에 걸쳐서 하는 경험을 모두 하게 해주고 싶어 딸의 상태가 안정된 날에는 이곳저곳 다녔습니다.

다행히 의사 선생님과 프로젝트 분들이 힘이 되어주신 덕분에 유니클로의 일일 점장 체험도 하고 유니버설 스튜디오에도 가볼 수 있었어요. 특히 유키나는 유니클로에서 산 분홍색 옷을 무척 마음에 들어 해서 마지막 순간까지 입고 있었습니다."

프로젝트 관계자 사이에서 호스피스 설립에 관한 구체적인 이야기가 퍼진 것은 이 무렵이었다. 유키나는 이 소식을 듣고 꿈만 같은 시설이 생긴다며 기뻐했다. 그리고 완성되면 자기도 가보고 싶다고 말했다. 아마 넓은 정원이 있고 직원들이 반기며 맞아주는, 좋아하는 캐릭터가 가득한 공간을 상상했을 것이다. 그 후에도 유키나는 호스피스에 대해서 종종 언급했다.

그러나 유키나가 기다리던 그날은 찾아오지 않았다. 8월 무렵부터 몸 상태가 악화되어 완화의료 병실에 들어가게 된 것이다. 유키나는 이 병실에서 지내면서 퇴원할 수 있을 만큼 몸 상태가 회복됐지만, 암의 진행을 완전히 막을 수는 없었다.

9월 14일, 유키나가 일시퇴원했을 때 부모는 유키나의 친구들을 집으로 불러 핼러윈 파티를 열었다. 시기는 조금 일렀지만 친구들과의 작별 파티인 셈이었다. 그다음 달에는 마지막 가족 여행으로 테마파크에 갔다. 부모는 아이가 갖고 싶어 했던 것들을 모두 사줬다.

여행에서 돌아온 지 4일이 지나고, 완화의료 병실에 마지막 입원을 하게 되었다. 입원 기간은 일주일 정도였다. 내내 의식이 몽롱한 상태였지만 죽기 전날 밤만은 신기하게도 의식이 또렷이 살아났다. 그 밤, 유키나의 가족이 침대에 누웠다. 태어난 지 얼마 안 된 유키나의 동생도 함께였다. 그들은 유키나가 좋아하는 '요괴 끝말잇기' 노래를 같이 불렀다. 잠들기 직전 나오코는 유키나에게 말했다.

"물침대 엄청 신기하다. 몸이 이만큼이나 가라앉아."

"응."

"유키나, 사랑해. 정말 사랑해."

이것이 마지막 대화였다. 다음 날 아침, 나오코가 집에 잠깐 들러 볼일을 마치고 병원으로 다시 돌아가려던 차에 유키나의 호흡이 약해지고 있다는 연락을 받았다. 부랴부랴 병원으로 달려가니 유키나는 기다리고 있었던 듯 숨을 거두었다. 남편이 "유키나!" 하고 소리치며 옆에 있던 간호사에게 심폐소생을 해달라고 부탁했다.

"이제 그만하자. 아이를 더 힘들게 하고 싶지 않아."

그러나 나오코는 남편을 말렸다. 이제는 아이가 즐거운 추억을 안고 편안하게 잠들기를 바랐다.

나오코는 회상한다.

"유키나가 완치되기 어렵다는 것을 알았을 때, 하라 선생님으로부터 입원을 연장하기보단 남은 시간 동안 추억을 만드는 게 저희 가족이 행복할 수 있다는 말을 들었습니다. 그걸 듣고 저는 유키나에게 할 수 있는 건 모두 해주었어요. 그렇기에 유키나의 죽음을 받아들일 수 있었습니다. 그렇지 않았다면 무슨 수를 써서든 살려달라고 애원했을 거예요. 아이와 남은 시간을 어떻게 보내느냐는 죽음을 받아들이는 데 굉장히 중요한 문제입니다."

반년 후 호스피스가 완성되었을 때, 니시데와 다카바가 이야기를 나누고 있었다. 니시데가 무심코 다카바에게 말했다.

"유키나는 호스피스가 완성되기를 줄곧 기다리고 있었어요."

"그래요? 그럼 유키나를 1호 등록자로 합시다."

호스피스에 놀러 오려고 했던 유키나의 꿈은 이루어지지 못했지만, 쓰루미 어린이 호스피스의 역사는 여기서부터 시작되고 있었다.

개관까지의
여정

프로젝트 이사회에서는 매번 비용 문제가 의제로 올라왔다. 지금까지의 활동은 재단의 후원금과 민간의 기부금으로 그럭저럭 하고 있었으나, 실제로 시설을 짓고 전속 직원을 둔다면 지금과 비교가 안 될 정도로 막대한 비용이 들기 때문이다. 정부의 지원을 받거나 정기적으로 후원받을 기업을 찾아야 했다. 그러나 전자에 대해서는 쓰라린 경험을 한 적이 있었다.

2012년의 일이었다. 효고현 다카라즈카(宝塚)시에 크고 오래된 서양식 건물이 있었는데, 관리를 위탁받은 시에서 어떤 용도로 사용할지 고민하던 중 이곳을 호스피스 시설로 사용해보지 않겠느냐는 제의를 해왔다. 시에서 건물과 토지를 무상으로 사용하게 해준다면 나쁘지 않은 이야기였다. 다카바는 이사회의 승인을 받고 시와 건물 보존회와의 협상을 마쳤다. 드디어 시설을 지을 수 있게 되었다고 기뻐하며 설계를 의뢰했을 때였다.

해당 지역에서 반대 의견이 나왔다. 고급 주택이 밀집해 있는 곳이었는데, 주민 중 일부가 호스피스 건설에 반대하는 목소리를 높였다.

"호스피스는 죽어가는 애들이 모이는 시설이잖아. 그런 게 생기면 땅값 떨어지는 거 아냐?"

설상가상으로 보존회에서도 가급적 그 건물의 개수공사를 하지 말아달라는 요청이 들어왔다. 그러나 난치병 아이들이 부상이나 감염의 위험에서 벗어나 자유롭고 편안하게 지내려면 어느 정도의 공사는 불가피했다.

다카바는 이사진과 상의한 끝에 이 제안에서 손을 떼기로 했다. 지역 주민이나 건물 보존회의 반대를 무릅쓰고 강행해봤자 이상적인 호스피스를 설립할 수 없을 것 같았기 때문이다. 그는 이 일을 통해 어린이 호스피스에 대한 세상의 눈이 생각보다 차갑다는 것을 알게 되었다.

얼마 후, 그에게 한 통의 안내문이 날아왔다. 유니클로가 '미소를 위한 옷(Clothes for Smiles)'이라는 사회 공헌 사업을 시작한다는 내용이었다.

유니클로와 테니스 선수인 노박 조코비치가 함께 창안한 이 사업은, 특정 상품의 매출 일부를 펀드로 조성하여 아이들의 꿈과 희망을 지원했다. 펀드 금액 중 5억 엔은 아이디어 공모전을 열어 선정된 것에 투자한다고 했다. 다카바는 이 사업에 응모했다.

사업에는 700개 이상의 아이디어가 모였다. 다 수준 높은 기획이었으나 엄정한 심사 과정 끝에 어린이 호스피스 프로젝트가 최종 선정되었다. 건설 자금을 손에 넣었으니 이제 남은 건 건물을 지을 장소를 정하는 것이었다. 다카바는 아이들의 몸 상태를 고려해 편의성이 좋은 위치여야 한다고 생각했다. 오사카 시내에서 적절한 면적을 갖춘 것은 물론 주변 주민들의 불만이 나오지 않는 곳이어야 했다.

그러던 중 다카바는 우연히 오사카시에서 쓰루미 녹지(鶴見綠地)의 토지 활용 사업을 공모하고 있다는 것을 알게 되었다. 이곳은 1990년에 '국제 꽃과 신록 박람회'가 개최되었던, 녹음에 둘러싸인 조용하고 아름다운 공원이다. 이 공원 한편에 사용하고 있지 않은 토지를 제공한다고 했다. 우메다역에서 전철로 30분 정도 떨어진 거리에 있어 접근성도 좋았다. 이곳이라면 모든 조건에 부합했다. 다카바는 공모에 응모했고, 마침내 토지 사용 허가도 받았다.

그리고 2014년, 공원 한편에 염원했던 호스피스 건설이 시작되었다. 유니클로에서 2억 2천만 엔, 일본재단에서 3억 2천만 엔의 지원금을 받았다. 설계는 타이세이(Taisei) 건설이 맡았다.

다카바는 당시 상황에 대해 말한다.

"설계자에게 전달한 호스피스의 콘셉트는 '또 하나의 우리 집'이었습니다. 보통 호스피스라는 말을 들으면 병원에 속한 성인용 병동을 떠올리기 쉽잖아요. 하지만 이곳은 그렇지 않습니다. 죽으러 오는 곳이 아니라, 휴식을 취하기 위해 오는 나그네를 환대하는 공간입니다.

헬렌&더글러스 하우스를 예로 들어 설명한 후, 그곳을 흉내낸 것이 아닌 일본 아이들이 언제든 다시 오고 싶어 하는 공간으로 만들어달라고 부탁했습니다. 그리고 완성된 도면을 보았을 때, 제가 말한 콘셉트가 잘 받아들여졌다고 확신했습니다."

설계가 끝나고 시공이 시작되자 다카바는 전속 직원을 모집하기 시작했다. 헬렌&더글러스 하우스가 그랬듯이 이 새로운 호스피스의 직원도 의료인을 비롯해 여러 직종의 사람으로 구성하는 것이 바람직했다. 따라서 이미 프로젝트에서 자원봉사를 하고 있던 사람뿐 아니라 외부에서도 우수한 인재를 채용하고자 했다.

그 결과, 호스피스의 사무국장에 오사카 자원봉사 협회에서 오랜 기간 일해온 미즈타니 아야(水谷 綾)가 취임했다. 프로젝트의 회계를 담당했던 고바야시의 합류도 결정되었다. 또 간호사 자격을 가진 니시데도 합류했다.

니시데는 처음 제의를 받았을 때 막중한 책임감 때문에 주저했으나, 몇 번의 고민 끝에 매니저 역할을 하는 간호사를 붙여달라는 요청을 하고 수락했다. 그리고 호스피스 개관을 위해 본격적인 준비에 들어갔다. 시설 내에서 사용할 비품 구입부터 홍보까지, 잘하고 못하고를 떠나 모든 일을 해내야 했다.

그중 하나가 이용 예정자의 니즈 조사였다. 오사카 의료센터의 환자의 가족을 중심으로 30팀이 넘는 가족을 찾아가 새롭게 문을 여는 호스피스에 무엇을 바라는지 파악했다.

니시데는 말한다.

"조사를 통해 환자들의 일상 속 고민을 알 수 있게 된 것은 큰 소득이었습니다. 예를 들어 어떤 병원에서는 투병으로 면역력이 떨어져 있는 아이를 퇴원시킬 때 감염증 예방을 위해 음식은 가열하여 먹으라고 조언합니다. 이는 이론서에 나온 지침을 그대로 따른 것입니다. 하지만 환자가 알고 싶은 정보는 단순히 음식을 가열해서 먹으라는 안내가 아니라, '얼마 동안 어떻게' 가열해야 하는지예요. 이처럼 병원의 권유와 환자가 가지는 고민에는 괴리가 있습니다. 앞으로 호스피스가 환자들의 일상을 지탱하는 역할을 한다면, 얼마 동안 어떻게 가열할지에 대한 답을 제시해야 합니다. 이것을 깨달았을 때, 저는 엄청난 세계에 발을 들여놓았음을 실감했습니다."

호스피스는 어디까지나 병원과 분리된 공간이었다. 그렇기에 이곳에 요구되는 것은 병원의 그것과는 달랐다. 이들의 앞의 펼쳐진 건 아직 아무도 밟지 않은 길이었다.

니시데는 이어 말한다.

"준비하는 1년은 매일매일이 암중모색이었습니다. 그동안 매뉴얼을 따라 일해왔는데, 여기에 와서는 하나부터 열까지 혼자 새롭게 만들어야 했어요. 다카바 씨는 계속 '전례가 없는 매뉴얼을 만들어 호스피스가 앞으로 나아가는 데 힘을 실어달라'고 말하셨습니다. 하지만 그 말이 오히려 저는 두려웠습니다. 만일 제가 잘못해서 환자에게 평생 한 번뿐인 기회를 망쳐버리는 일이 생기면 어쩌나 하는 불안이 커졌지요."

고바야시도 같은 상황을 겪고 있었다. 개관을 앞두고 봉사자들의 의견을 참고해 전자제품과 청소도구를 고르던 때였다. 니시데가 다카바의 추천을 받아 고급 타월을 대량 구입하려고 했다. 기껏해야 아이들이 수영이나 물놀이를 할 때나 필요한데, 이렇게 비싼 걸 살 필요가 있을까 싶어 놀란 고바야시가 물었다.

"이렇게 비싼 타월이 필요해?"

그러자 옆에 있던 다카바가 대답했다.

"싼 건 안 돼요. 좋은 걸로 구매합시다."

"돈 낭비 같아요."

"그렇지 않아요. 고바야시 씨, 호스피스는 환자와 가족에게 아름다운 추억을 만들어주기 위한 공간이에요. 지금까지 느껴본 적 없을 만큼 부드러운 타월을 쓰면 다들 무척 좋아할 거예요. 마음이 평온해질 겁니다. 저는 호스피스를 그런 공간으로 만들고 싶어요."

이 말을 듣고 고바야시는 호스피스에 대한 생각을 근본부터 바꾸었다.

"다카바 씨의 말을 듣고 정말로 훌륭한 사람이라고 생각했습니다. 저는 상상도 못할 수준으로 아이들의 행복을 생각하고 있었어요. 그에게는 고작 타월이 아니었던 겁니다. 저는 다카바 씨를 통해 쓰루미 호스피스가 나아가야 할 이상향에 대해 점차 이해할 수 있었습니다."

호스피스 건설은 예정대로 순조롭게 진행되었다. 2015년 11월에 건물을 인도받으면 12월에는 준공이 될 예정이었다. 새해가 되면 구입한 각종 설비가 반입되고, 4월 개관을 위해 본격적으로 달릴 수 있었다.

명칭은 '쓰루미 어린이 호스피스'로 결정되었고, 개관식에 참석할 환자 대표로 기타히가시 사키를 초대했다. 하라, 다타라, 다카바를 비롯한 많은 사람의 염원이 드디어 실현되는 순간이었다.

6장

어린이 호스피스를 열다

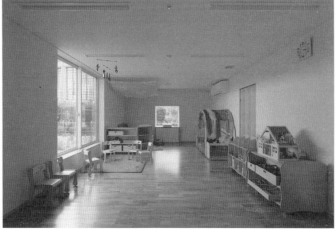

© Tsurumi Chirdren's hospice

돌봄의 본질을
깨달은 간호사

2016년 7월, 쓰루미 어린이 호스피스는 개관 4개월 차를 맞았다. 서두에서 기술한 대로 개관식은 성대하게 치러졌다. 언론에 보도된 덕분에 4, 5월은 취재 의뢰와 이용 희망자의 문의가 쇄도했지만, 여름이 다가오면서 조금씩 안정을 찾아갔다.

호스피스 건물은 둥근 활과 같은 형태였다. 푸른 잔디가 깔린 안뜰과 마주하는 벽은 전면 유리로 되어 있어 초여름의 눈부신 햇살이 쏟아져 들어왔다. 바람에 살랑거리는 잔디의 향기가 실내까지 퍼지는 듯했다.

건물 안에는 크고 작은 공간이 20개 넘게 있었는데, 각 방마다 명확한 콘셉트와 명칭이 있었다. 아이들과 가족이 차를 마시며 시간을 보낼 수 있는 '쓰루미 카페', 큰 침대와 TV, 정원이 있어 마치 별장에 온 것 같은 '정원이 있는 방', 어둠 속에서 빛, 진동, 음악을 즐기며 휴식을 취할 수 있는 '빛의 방' 등이었다. 언뜻 보면 숙박이 가능한 레저 시설 같았다.

입구에 있는 넓은 방에는 색색의 버섯 모양 소파와 그림책이 놓인 책장이 있었고, 안쪽 방의 천장에는 해먹이 설치되어 있었다. 그 외에도 전기로 달리는 장난감 자동차, 유아용 볼풀장 등 놀이도구도 곳곳에 있었다. 이용자는 시설 이용은 물론 여기에서 열리는 행사나 프로그램에 모두 무료로 참여할 수 있었다.

이날, 2층 '푸른 햇살 방'에는 교복을 입은 기타히가시 사키가 클로버 모양의 테이블 앞에 앉아 있었다. 이 방은 학습실이지만 여느 학교 교실처럼 딱딱한 분위기는 전혀 아니었다. 큰 소파가 있고 클래식이 흐르는 것이 마치 카페에 온 것 같았다.

이제 중학교 2학년이 된 사키는 간호사를 꿈꾸며 공부하고 있었다. 창으로 들어오는 햇살 아래서 열심히 국어 문제를 푸는 사키의 옆에서 병원학교 교사가 고개를 끄덕이거나 힌트를 주었다. 교사의 이름은 소에지마 마사카즈였다. 소에지마는 2년 전 하라 준이치로부터 강연에 초대받은 것을 계기로 호스피스의 교육 고문으로 왔다. 이후 한 달에 한 번 방문하여 아이들의 학습을 돕거나 교사를 희망하는 대학생들을 지도하고 있었다. 소에지마는 열심히 공부하는 사키를 흐뭇하게 바라보며 이따금 다정하게 말을 걸었다.

"사키는 글씨를 참 잘 쓰네. 와, 진짜 잘 써. 문제도 잘 풀었어. 완벽해. 정말 대단해."

소에지마는 아이의 장점을 발견하여 아낌없이 칭찬했다. 사키는 쑥스러워하면서도 힘을 얻고 다음 문제에 집중했다. 너무 몰두한 나머지 소에지마가 이제 그만 쉬라고 해도 조금만 더 하겠다며 책상에서 떠나려고 하지 않았다.

소에지마가 말한다.

"병에 걸린 아이들에게 공부는 삶에 대한 희망 그 자체입니다. 건강한 아이는 공부하는 게 자연스럽고 당연한 일이어서 학교에 가기 싫어하기도 합니다. 하지만 아픈 아이들은 공부하고 싶어도 할 수 없기 때문에 몸 상태가 좋을 때면 무척 좋아하면서 공부에 매진하지요."

병실에서 괴로운 치료를 받던 아이들은 공부를 하면서 자신에게 미래가 있다는 것을 깨달았다. 공식 하나를 외울 때마다 성장을 체감하고, 문제를 풀어 칭찬을 받으면 자신감도 생겼다. 친구들이나 선생님과 이야기하면서 장래에 대한 희망도 품었다. 공부는 이들에게 깜깜하기만 한 투병 생활에서 앞으로 나아갈 길을 비추는 빛이었다. 사키가 누가 시키지 않아도 열심히 공부하는 것은 그 때문이었다.

이날 오후, 호스피스의 직원들이 모였다. 대표이사 다카바 히데키, 간호사 니시데 유미, 사무국장 미즈타니 아야, 물리치료사 아오기 유토, 보육교사 오야 가요를 비롯해 전속 직원은 총 10명이었다.

한편 설립부터 개관까지 동분서주했던 하라 준이치와 다타라 료헤이는 지금까지와 다르게 한 걸음 물러나 호스피스를 돕기로 했다. 민간 호스피스의 장점은 병원과 분리된 곳에 환자와 가족이 쉴 거처가 있다는 것이었으므로, 하라와 다타라는 어디까지나 이 현장을 직원에게 맡겨야 한다고 생각했다.

직원들은 모든 것이 전례가 없는 상황에서 난치병 아이들을 맞아들이고 있었다. 그중에서도 더 분주하게 움직이는 40대 후반의 직원이 있었다. 간호사인 이치카와 마사코(市川 雅子)였다.

이치카와는 가족 돌봄 매니저(Family Care Manager)라는 직책을 맡고 있었다. 1년 전 니시데가 호스피스에 정식으로 합류할 때 요구했던, 매니저 역할을 담당하는 직원이었다. 베테랑 간호사인 그는 맡은 일을 척척 해내면서도 항상 이용자의 입장에서 모든 것을 생각했다.

1968년 오사카에서 태어난 이치카와는 간호 전문 학교를 졸업한 후 오사카 후생연금병원(현 오사카 병원, Japan Community Healthcare Organization) 소아과에서 9년간 근무했다. 그곳에서 주로 만난 것은 신경계 난치병으로 뇌나 신체에 심한 장애를 갖고 태어난 아이들이었다. 이치카와는 부모들과 함께 아이들을 돌보며 간호의 기초를 배웠다.

그렇게 10년이 지났을 무렵, 중견 간호사로 접어든 그는 이제 자신이 환자와 가족들을 나름 이해하고 있다고 생각했다. 그러던 중 선배로부터 이런 말을 들었다.

"너는 병원에서만 난치병 아이들을 봐왔지? 하지만 병원에서의 모습만 봐서는 그 아이나 가족들을 진정 이해하고 있다고 할 수 없어."

이 말은 그에게 새로운 전환점이 되었다. 선배의 말이 잊히지 않은 이치카와는 대학을 졸업하자마자 들어갔던 병원을 그만두고 재택의료를 포함하여 폭넓은 형태로 아이들을 돌보고자 했다. 그리고 34살에 미국 필라델피아에 있는 인간 잠재력 개발연구소(IAHP)에서 근무했다. 그곳은 뇌장애 아이들의 능력 향상을 목표로 하는 시설이었다. 일본으로 돌아온 후에는 병원에서 일하면서 사회복지사 자격을 취득하고, 시즈오카 현립 전문대학에 생긴 HPS 양성 강좌를 들었다.

이치카와가 만난 가족은 다양했다. 아이를 조금이라도 낫게 하고자 해외의 재활시설로 데리고 가는 부모도 있었고, 반대로 병원에 간호를 떠맡기고 문병조차 오지 않는 부모도 있었다. 이치카와는 이들을 보는 내내 '환자와 가족에게 행복이란 무엇일까'에 대해 생각했다.

그리고 2010년 어느 날, 그는 한 가족을 만나고 답을 발견하게 된다. 당시 근무하던 곳은 신경계 난치병으로 누워서 지내야하는 아이들이 있는 병원이었는데, 그곳에 3살 된 남자아이가 있었다.

치료법이 없어 하루가 다르게 약해지는 아이를 그저 지켜볼 수밖에 없었는데, 부모는 병원 옆에 집을 구해서 아들을 데리고 나가 함께 지내고 싶다고 말했다. 가족과 함께하는 시간을 소중히 여긴 것이었다. 병원은 적극적으로 협력했고, 이치카와도 아이의 집에 자주 방문했다.

가족과 재택의료 관계자의 돌봄으로 아이는 중학생이 될 때까지 살 수 있었다. 이후 아이가 세상을 떠났을 때, 장례식에 많은 관계자가 모였다. 어머니는 밝은 표정으로 말했다.

"오랫동안 많은 신세를 졌습니다. 정말 감사합니다. 저는 이 아이가 제 아들로 태어나준 것에 감사하고 있습니다."

이치카와는 이 모습을 보면서 간호의 본질은 의료기술로 연명을 돕는 것이 아니라 환자와 가족이 행복한 일상을 보낼 수 있도록 지원하는 것이 아닐까 하는 생각을 했다. 그리고 2013년에는 어린이 호스피스 프로젝트에 관심을 가지고 자원봉사자로 참가했다. 2년이 지날 무렵, 프로젝트 측으로부터 이제 곧 어린이 호스피스가 완공되니 그곳에서 전속 매니저 일을 해보지 않겠느냐는 제의를 받은 것이다.

이때 이치카와는 오사카 발달종합요육센터에서 일하면서 대학원 석사과정을 밟고 있어 거절했지만, 달리 적임자가 없다는 호스피스 측의 부탁을 여러 번 받았다. 이치카와는 이 미지의 세계를 개척할 사람이 아무도 없다면 자신이 해볼 가치가 있다고 생각해 고민 끝에 제의를 받아들였다.

호스피스에서 이치카와의 주요 업무는 회원 등록과 이용을 조정하는 일이었다. 시설을 이용하려면 소정의 절차가 필요했는데, 월 1회 있는 정기 설명회 외에도 문의해오는 사람들을 위한 개별 견학이 있었다. 이때 이치카와가 면담을 통해 아이의 병세, 가족의 상황, 병원과의 관계 등을 명확히 파악한 후에 이용 신청서를 제출하도록 했다. 이후 이용자 승인위원회가 이를 바탕으로 심의했다. 여기서 통과되면 정식으로 회원이 되고, 개인 이용이나 행사 참가가 가능해졌다.

이치카와는 말한다.

"개관 후 두 달 동안 60건의 문의가 있었습니다. 처음에는 오사카 의료센터의 환자들이 대부분이었는데, 언론에 보도되면서 집에서 아이를 돌보는 부모님들이 많이 문의해주셨습니다. 아이가 인공호흡기를 달고 있어 외출할 수 없다, 햇볕에 타거나 감염될까 두려워 밖으로 나갈 수 없다, 주변 시선이 신경 쓰여 근처로 놀러 나갈 수 없다 등 신청 사유도 다양했어요.

아이들을 모두 난치병이라고 한데 묶어 말하지만, 뇌장애로 누워서 지내야 하는 아이, 암이 전이되어 시한부 선고를 받은 아이, 치료가 성공해 안정된 상태에 접어든 아이 등 다 다양했습니다. 저희는 우선순위를 두지 않고 신청을 받았습니다."

호스피스가 개관 당시부터 기획하고 있었던 것은 여름 축제와 캠프, 칠석, 크리스마스 파티, 히나마쓰리(3월 3일 여자아이의 건강과 행복을 기원하는 의미로 열리는 행사─옮긴이) 등 놀이 위주의 행사였다.

아이가 병원 치료에서 벗어나 평범한 아이로 되돌아가 자유로운 시간을 보내기 위해서 놀이는 빠질 수 없었다. 직원들은 프로젝트 시절부터 진행해온 것을 호스피스에서 훨씬 큰 규모로 실시할 생각이었다.

그러나 호스피스 내에서만 행사를 진행하면 병원에서 하는 행사와 큰 차이가 없게 된다. 민간시설의 이점을 살리려면 지역사회 차원에서 행사를 개최해야 했다. 세부 프로그램도 병원에서 하기 어려운 것으로 꾸리지 않으면 안 되었다. 그래서 호스피스는 지역 주민을 대상으로 자원봉사자를 모집하고, 기업과 재단의 후원을 받아 행사를 진행했다.

이러한 활동에 정통한 것이 사무국장 미즈타니 아야였다. 오사카 자원봉사 협회에서 20여 년간 일한 경험으로 자원봉사 관련 업무는 누구보다 잘 알고 있었다. 그런 그의 활약 덕분에 개관 3개월 만에 115명의 봉사자가 등록했다. 교사, 테라피스트, 뮤지션, 학생 등 직업도 다양해 행사에서 특기를 발휘할 수 있었다.

미즈타니는 말한다.

"사회 전체가 난치병 아이들을 지원한다면 얼마나 좋을까요. 하지만 지금 일본에는 일반인이 난치병 환자를 만나기는커녕 환자가 처한 상황을 이해할 수 있는 기회조차 없는 실정입니다. 호스피스 사업에는 난치병 어린이 지원뿐 아니라 사회를 향한 홍보도 포함되어 있습니다. 행사를 진행할 자원봉사자를 외부에서 모집하는 것도 이 때문이에요. 행사에 일반인들을 불러들임으로써 사회의 이해를 넓히는 계기를 만들고, 동시에 아이들에게도 바깥세상을 보여주고 싶었습니다."

이러한 취지 아래 호스피스는 여러 기업, 단체, 대학과 함께 많은 행사를 진행했다. 그러나 이러한 행사는 주로 유아에서 초등학생 정도의 아이들을 대상으로 했다. 중고등학생들은 가족과 함께하는 행사보다는 각자 자기가 원하는 것을 하고 싶어 했다. 그래서 호스피스는 중고생 환자에게는 개인 이용을 권하고 시설을 자유롭게 이용할 수 있도록 했다.

호스피스 개관 당시부터 개인 이용을 하고 있던 아이가 있었다. 당시 17살이던 모리오카 쇼(森岡 涉)다. 쇼는 호흡기관에 이상이 있었는데, 3살 때 카르타게너 증후군(Kartagener syndrome) 진단을 받았다. 이 병은 선천적으로 섬모가 제 기능을 하지 않아 호흡기계 질환을 발생시키고, 최악의 경우 호흡부전을 일으켜 죽음에 이르게 하는 병이다. 완치가 불가능하기 때문에 경과를 지켜보면서 증상을 완화시키는 수밖에 없다. 쇼는 의사에게 11살 정도밖에 살 수 없을 거라는 말을 들었다.

6학년 무렵에는 목의 기관을 절개하는 기관절개술을 하면서 자택 요양이 가능해졌지만, 문제가 있었다. 투병하는 동안 계속 입원해 있었기 때문에 어린이집도 학교도 제대로 다닐 수 없었던 것이다. 친구도 취미도 없던 쇼는 매일 방에 틀어박혀 지냈다. 트럭 운전사인 아버지는 집을 자주 비웠고, 어머니도 혼자 집안일을 하면서 다른 형제까지 돌보느라 쇼에게 제대로 신경 쓰지 못했다.

쇼는 이런 상황에 점점 울분이 쌓여 폭력적으로 변해갔다.

TV를 내던져 망가뜨리거나 문을 발로 차서 부수는가 하면, 식기를 벽에 내던져 깨뜨리곤 했다. 어머니에게 토스터를 집어 던진 적도 있었다. 가족은 어찌할 바를 몰랐다. 쇼의 누나와 여동생은 무서워하며 거리를 뒀고, 아버지도 쇼를 가까이하려 하지 않았다. 어머니만이 아들의 폭력에 떨며 눈물을 흘려야 했다.

그런 쇼의 인생이 달라진 기회는 중학교 2학년 때 찾아왔다. 오사카 의료센터에서 어린이 호스피스 프로젝트의 존재를 알게 되어 월 1회 음악치료사의 방문 지원을 시작한 것이다. 음악치료사는 매번 악기를 가지고 와 쇼에게 연주법을 알려주었다.

그중에서 쇼가 관심을 보인 것은 태블릿 PC나 스마트폰을 활용한 드럼 연주였다. 애플리케이션을 내려받아서 액정화면의 드럼을 터치하면 실제로 드럼을 두드리는 것 같은 소리가 났다. 쇼는 여기에 빠져들었다.

이윽고 이것으로 성에 차지 않은 쇼는 전자드럼을 갖고 싶다는 말을 꺼냈다. 어머니는 아들이 무언가에 관심을 가졌다는 사실만으로도 기뻐하며 전자드럼을 사주었고, 쇼는 아침부터 밤까지 연주에 몰두했다.

어머니는 말한다.

"저희 가정은 쇼의 폭력으로 무너지기 직전이었습니다. 그런데 쇼가 드럼을 접하면서부터 분위기가 완전히 바뀌었어요. 매일 유튜브를 보면서 혼자 열심히 연습하고 선생님들이 오시는 날을 목 빠지게 기다렸습니다. 집 안에 틀어박혀 난폭한 행동을 일삼던 이전과는 전혀 다른 모습이 되었지요. 아이가 무언가에 폭 빠질 게 생긴다는 것이 얼마나 큰 도움이 되는지 알게 되었습니다."

이제 쇼의 꿈은 실제 드럼세트로 연주하는 것으로 바뀌었다. 그리고 2016년 4월, 쓰루미 호스피스가 개관함으로써 그 소망을 이룰 수 있었다. 호스피스 2층 '소리의 방'에 고가의 드럼세트가 설치된 것이다.

쇼는 호스피스가 주최하는 행사에는 흥미를 보이지 않았으나 오직 드럼 연주를 하고 싶은 마음으로 방문하기 시작했다. 그리고 시간이 허락하는 한 마음껏 드럼을 쳤다. 직원들 앞에서 미니콘서트를 연 적도 있었다.

어머니는 이어 말한다.

"호스피스 덕분에 쇼의 세계는 몰라보게 넓어졌습니다. 이제까지 집에만 틀어박혀 지내던 아이가 드럼을 치면서부터 본인이 먼저 밖으로 나가자고 하더군요. 직원분들과 교류한 영향도 컸습니다. 연주를 들어주시고 칭찬해주셔서 의욕이 솟아났습니다. 호스피스는 쇼를 사회와 이어주는 몇 안 되는 장소입니다."

이렇듯 쓰루미 어린이 호스피스는 아이들의 인생에 활력을 주는 공간이 되어갔다.

두 아이의 죽음

명절 연휴인 8월 11일, 호스피스에서 여름 축제가 열렸다. 유니클로와 긴키대학(Kindai University)의 지원으로 진행한 축제였다. 직원과 봉사자 외에 70여 명의 이용자와 가족이 찾아왔다. 아이들은 유니클로가 기부한 유카타와 스테테코(무릎 정도까지 오는 기장의 얇은 남성용 내복 바지—옮긴이)를 걸치고 긴키대학 학생들이 준비한 노점에 놀러 다녔다. 탱탱볼 건지기, 물풍선 낚시 부스를 비롯해 아이들이 그린 그림을 티셔츠에 프린트해 주는 부스도 있었다. 축제가 열린 호스피스는 여름의 밝고 쾌활한 분위기로 가득했다. 그런데 그로부터 얼마 지나지 않아 직원들에게 예기치 못한 소식이 전해졌다. 하라의 연락이었다.

"우리 병원 환자 가나에가 호스피스 이용하고 있지?"

"네."

"그 아이가 세상을 떠난 거 들었어?"

"네?"

"좀 전에 우리 병원에서 사망했어."

미나미다 가나에(가명)는 뇌종양을 앓고 있던 초등학교 4학년 여자아이였다. 오사카 의료센터에서 치료를 받다가 가망이 없다는 선고 이후에는 자택에서 요양하고 있었다. 그때 부모가 호스피스를 소개받고 5월 말 이용 신청을 해왔다.

처음 호스피스에 견학을 왔을 때 부모는 가나에가 안정되면 안심하고 놀 수 있는 곳에 데리고 가고 싶다고 했다. 이치카와는 가나에의 병세가 심각한 상태였기 때문에 행사 참가는 어렵다고 판단해 개인 이용을 권했다.

6월에 처음 왔을 때는 어린 여동생도 함께였다. 가나에는 몸 일부가 불편했지만 의식은 또렷했고, 자력 보행도 가능했다. 직원이 비눗방울을 만들면 웃는 얼굴로 그것을 따라 불기도 했다. 그러나 직원들이 신경 쓰이는 게 하나 있었다. 바로 부모가 가나에에게 병명을 가르쳐주지 않은 것이었다. 가나에는 언젠가 자신이 꼭 나을 거라고 믿으며 열심히 학교에 다니고 있었다. 호스피스에 와서도 더 놀고 싶은 것을 참고 2층 학습실로 올라가서 공부를 했다. 직원들은 그 모습을 보면서 이대로 괜찮은지 고민했지만, 부모가 병명을 밝히지 않으려는 상황에서 어찌할 도리가 없었다.

두 번째 이용은 2주 정도가 지났을 때였다. 가나에는 지난번보다 훨씬 쇠약해져 있었다. 휠체어에서 일어서지도 못했고 눈의 초점도 흐려져 있었다. 직원이 손을 잡으며 잘 왔다고 말해도 아무 말도 하지 않았다.

니시데가 휠체어를 밀면서 아이에게 말을 걸었다. 그런데 그때 가나에가 뭔가를 말하고 싶어 하는 듯한 모습을 보였다. 니시데는 지금까지의 경험으로, 어쩌면 이 아이가 자신의 병에 대해서 말하고 싶어 하는지도 모른다고 생각했다. 아이들은 낫고 있다는 말을 들어도 몸이 점점 약해지면 의심을 품기 때문이다. 하지만 부모가 숨기고 있는 사실을 자신이 전할 수는 없었다.

결국 이날도 니시데는 가나에와 속 깊은 대화를 나누지 못했다. 예정된 이용시간이 끝나고 입구에서 가족을 배웅하면서, 니시데를 비롯한 직원들은 찝찝한 마음을 감출 수 없었다. 그래도 곧 또 놀러 온다고 했으니 다음을 기약했다.

그러나 7월이 되어도 가나에는 오지 않았다. 연락해보니 몸 상태가 좋지 않다고 했다. 직원은 8월에 여름 축제가 열리니 여동생과 함께 놀러 오라고 전했지만, 축제 당일이 되어도 가나에는 끝내 오지 않았다. 하라에게 물어보니 상태가 나빠져 오사카 의료센터의 어린이 완화의료 병실에 들어갔다고 했다.

다음 날, 이치카와는 유카타를 챙겨 병문안을 갔다. 병실 침대에 앙상해진 가나에가 누워 있었다. 상태가 무척 안 좋아 보였지만 이곳에 들어와서 다시 기력을 회복해 퇴원하는 아이들도 있었기 때문에, 이치카와는 어머니에게 격려의 말을 건넨 뒤 유카타를 선물하고 돌아왔다. 그러나 그 후 얼마 되지 않아 하라로부터 가나에가 세상을 떠났다는 소식을 들은 것이다. 개관 5개월 만에 처음 겪은 이용자의 죽음이었다. 부모의 연락은 없었다.

가나에의 죽음은 직원들이 처음 상상했던 것과는 전혀 달랐다. 호스피스의 역할 중 하나가 죽어가는 아이들에게 즐거운 추억을 만들어주는 것이다. 그러나 자신들이 해준 것은 아무것도 없었다. 직원들은 회의를 열었다.

"가나에가 여길 두 번 이용하는 동안, 우리가 뭘 해줬지? 그 아이가 원하던 것이나 가족이 추억으로 남길 만한 것을 해줬나? 아무리 생각해도 충분하지 않았어."

니시데는 이때의 심정에 대해 말한다.

"가나에의 마음을 좀 더 이해해줄 순 없었을까 하는 후회가 듭니다. 이곳이 난치병 아이들을 최우선으로 생각하는 호스피스인 이상, 저희는 아이들에게 한 걸음 더 다가가야 했습니다. 하지만 그럴 타이밍을 찾지 못해 우물쭈물하고 있는 사이에 아이는 돌아올 수 없는 곳으로 떠났어요. 저는 어린이 호스피스 프로젝트 발족부터 참여했고, 스스로 충분히 각오가 되어 있다고 생각했습니다. 그러나 해야 하는 것을 하지 못했습니다. 이런 저 자신이 정말 실망스러웠습니다."

이는 다른 직원들도 마찬가지였다. 모두 죽음을 앞둔 아이들과 마주할 각오가 되어 있다고 생각했다. 하지만 이 작은 생명은 생각했던 것보다 훨씬 빠른 속도로 이들의 손을 빠져나갔다.

그러나 이 일에 관한 하라의 생각은 조금 달랐다.

"가나에의 병세를 생각하면 두 번이나 호스피스에 올 수 있었던 것은 행운이었습니다. 다른 곳에서 하기 어려웠던 경험도 했을 겁니다. 난치병 어린이는 일상을 살아가는 것만으로도 무척 힘이 듭니다. 호스피스에서 이러한 경험을 가능하게 해준 것은 훌륭한 일입니다. 직원들의 열의도 전해졌을 거예요."

직원들은 머리로는 하라의 말을 이해했지만 뜨거운 가슴은 정리가 되지 않는 듯했다. 그리고 이들은 주 1회 돌봄 콘퍼런스, 월 1회 돌봄 확장 추진 회의 등 여러 회의를 통해 이용자 가족에 대한 응대를 검토했다. 특히 가나에의 일을 계기로 죽음을 목전에 둔 아이들을 어떻게 대할지 구체적으로 논의했다.

그즈음 한 어머니로부터 호스피스를 이용하고 싶다는 연락을 받았다. 하세가와 유타(長谷川 祐大)라는 2살 된 남자아이의 어머니였다.

유타의 몸에 이상이 발견된 것은 돌이 되기 직전이었다. 며칠 전부터 설사를 계속해 걱정된 부모가 지역 의원으로 데리고 갔더니 옆구리에 멍울이 발견되었다. 이후 대학병원에서 정밀검사를 받은 결과 신경아종이었다. 약 10개월간 유타는 그 병원에서 수술과 약물요법을 받았지만 암이 재발했고, 이번에는 나을 가망이 거의 없다는 말도 들었다. 부모는 지푸라기라도 잡는 심정으로 2016년 6월 소아암 치료로 유명한 오사카 의료센터로 옮겼다.

하지만 그곳에서 하라가 내린 진단도 마찬가지였다. 하라는 부모에게 지금으로서는 유타를 살릴 방법이 없다고 전했다. 그리고 이런 상황에서는 치료를 강행하기보다는 얼마 남지 않은 시간을 가족이 함께 의미 있게 보내는 편이 낫다는 의견도 덧붙였다. 그로부터 한 달 반이 지난 9월의 어느 토요일, 유타의 어머니가 호스피스에 연락을 해온 것이다.

"병원에서 아들이 살 수 없을 거라는 진단을 받았습니다. 그래서 호스피스를 소개받았는데, 지금 아이를 데리고 가도 될까요?"

울면서 말하는 어머니에게 직원은 시설을 이용하려면 사전 견학과 등록이 필요하다고 알려주면서 다른 날 와달라고 말했다. 그날 호스피스에서는 3, 40명 규모의 가족 설명회가 개최될 예정이었기 때문에 직원들은 아침부터 정신이 없었다. 어머니는 아쉬워하는 듯했으나 알겠다며 전화를 끊었다.

하지만 직원들은 다시 설명회를 준비하면서 마음 한구석이 불편했다. 시한부 선고를 받은 아이가 호스피스를 이용하고 싶다고 하는데, 자신들의 상황과 시설 이용 규칙을 이유로 거절하는 것이 과연 옳은 응대인지 의문이 들었던 것이다. 그때 모두의 마음에 떠오른 것은 아무것도 해주지 못한 채 떠나보낸 가나에였다. 직원들은 준비하던 것을 잠시 멈추고 함께 모여서 의논했다. 연락 온 아이는 몸 상태의 기복이 심하고 다음에 언제 올 수 있을지 알 수 없다. 그렇다면 오고 싶을 때 받아주는 것이 호스피스의 역할이 아닐까. 직원들은 모두 의견을 모았고, 유타의 어머니에게 다시 전화했다.

"방금 전엔 죄송했습니다. 지금 상황을 조율했으니 가능하면 꼭 와주십시오. 등록은 오셔서 하면 됩니다."

이날 오후, 부모가 유타를 데리고 호스피스에 왔다. 유타는 빡빡머리에 별이 가득 그려진 모자를 쓰고 있었는데, 웃는 모습이 꼭 껴안아주고 싶을 만큼 사랑스러웠다.

"잘 오셨어요. 오늘 놀러 온 아이는 유타 혼자라서 비어 있는 공간은 마음껏 사용하시면 됩니다."

어머니는 은색 보온가방에 알록달록 화려한 음식을 담은 찬합 도시락을 준비해 왔다. 직원은 안뜰에 파라솔을 세우고 시트를 깔아서 도시락을 먹을 수 있도록 준비했다. 어머니가 찬합을 나누어 시트 위에 늘어놓자 유타는 주먹밥과 계란말이를 먹었다. 캠프장 같은 호스피스의 풍경에 무척이나 즐거운 모습이었다.

식사가 끝나자 직원이 몇 가지 놀이를 제안했고, 부모는 풀에서 하는 물놀이를 희망했다. 지금까지 감염이 될까 불안해서 한 번도 해본 적이 없었는데, 이곳에 간호사가 있어 안심하는 듯했다.

직원들은 곧 정원에 비닐 풀장을 설치하고 물을 채운 다음, 탱탱볼을 가득 띄웠다. 큰 물총도 준비했다. 유타의 아버지가 기저귀를 찬 유타를 안고 조심스레 풀장 안으로 들어갔다. 잔뜩 긴장한 유타는 풀장 안에 있는 장난감 공룡에 놀라서 큰 소리로

울기 시작했다.

부모에게는 그런 유타의 우는 모습까지 귀엽게 보였다. 이제까지 병원에서만 지냈기 때문에 이렇게 햇살 아래서 아이답게 큰 소리를 내는 일이 없었기 때문이다.

마침 설명회 때문에 호스피스에 와 있던 하라가 창 너머로 이 모습을 지켜보고 있었다. 유타는 하라와 눈이 마주치자 울음을 그치고 함빡 웃으며 손을 흔들었다. 그 표정이 가슴에 사무친 하라는 낮은 목소리로 중얼거렸다.

"저 아이가 저런 표정도 지을 줄 아는구나."

"무슨 말씀이세요?" 직원이 물었다.

"병원에서는 항상 굳은 표정으로 긴장하고 있었어. 치료가 힘들어서 그랬겠지. 하지만 이곳에 오니 2살 아이로 돌아가서 저렇게 밝게 웃네. 정말 행복해 보여."

하라의 말에 직원들은 이곳이 조금은 호스피스의 역할을 해 낸 것 같아 뿌듯했다.

이날, 유타의 가족은 정원에서 실컷 웃고 떠들었다. 저녁에는 침실 침대에 가지런히 누워서 피로를 푼 후, 꼭 다시 놀러 오고 싶다는 인사를 전하고 돌아갔다.

유타가 두 번째로 호스피스를 방문한 것은 그로부터 8일 후였다. 그 얼마 전에 부모는 병원으로부터 유타에게 남은 시간이 앞으로 일주일 정도라는 말을 들은 상황이었다. 그래서 부모는 지금까지 긴 입원 생활 중에 알게 된 투병 친구들과 그 가족들을 초대해서 작별 파티를 하려고 했다. 파티 장소로 호스피스의 공간을 빌릴 수 있을지 문의했고, 호스피스 측은 집처럼 생각하고 자유롭게 사용하라며 흔쾌히 허락했다.

일요일 오전 10시 반, 호스피스 2층에 있는 '모두의 방'에서 파티가 열렸다. 이곳은 냉장고와 키친, 큰 테이블, 해먹 등이 있는 넓은 방이었는데, 이날은 아이들이 지내기 편하도록 다른 방에서 소파와 이불까지 가져왔다. 테이블에는 식사와 간식을 차렸고 아이들이 싫증 내지 않도록 풍선과 장난감도 가져다 놓았다.

10팀의 가족이 유타네의 초대를 받고 이곳에 모였다. 투병 친구들의 형제들도 함께했다. 몇 개월 만에 보는 얼굴도 있어 유타는 놀라며 기뻐했다. 이렇게 많은 사람이 모일 거라고 상상하지 못한 것 같았다.

점점 적응한 유타는 친구들과 장난치며 놀았다. 그리고 파티 분위기가 잠시 가라앉았을 때 초대받은 가족들이 유타에게 각자 준비한 선물을 주었다. 스티커 북과 장난감 강아지를 비롯해 다양한 선물이 있었다. 유타는 포장을 풀 때마다 눈을 동그랗게 뜨고 얼굴 가득 행복한 미소를 지었다.

부모는 다른 가족들의 배려에 눈시울을 적시며 감사의 인사를 전했다. 가족 중에는 "포기하지 말고 힘내서 다시 만나요."라고 격려하며 함께 눈물을 흘리는 사람도 있었다.

직원들은 파티에 많은 가족이 있었기 때문에 끼어들지 않고 다음에 유타가 찾아오면 실컷 놀아줄 생각이었다. 그러나 이것이 유타가 호스피스에서 보낸 마지막 시간이었다.

　10월 중순의 어느 날, 유타의 아버지에게 연락이 왔다.

　"지난번에는 정말 감사했습니다. 그저께 유타가 병원에서 숨을 거뒀습니다."

　"유타가 세상을 떠났나요?"

　"네. 병세가 나빠져 입원했었어요. 열심히 버텼지만 결국 그렇게 되었습니다. 이제까지 많은 신세를 졌습니다. 정말 감사합니다."

　예상치 못한 소식에 모두 할 말을 잃었다. 이번에는 좀 더 깊은 관계를 맺을 수 있다고 믿었는데……

　니시데는 이때 느꼈던 마음의 동요에 대해 다음과 같이 말한다.

　"유타의 가족에게 바로 다시 시설에 오라고 한 것은 적절한 응대였습니다. 가나에의 일을 반성한 덕분이었지요. 호스피스로서 한 걸음 전진했다고 생각합니다. 그러나 유타와 깊은 관계를 맺었느냐고 묻는다면, 그렇다고 말할 자신이 없습니다. 처음에는 갑작스러운 방문이었기 때문에 준비가 부족했고, 두 번째도 파티 장소만 제공했을 뿐 저희는 관여하지 않았기 때문이에요. 가나에 때와 마찬가지로 아무것도 해주지 못했다는 후회가 남았습니다."

　다른 직원들도 비슷하게 생각하고 있었다. 두 아이의 죽음이 가르쳐준 것은 자신들이 상상하는 것 이상으로 아이들에게 남은 시간이 적다는 것이었다.

이치카와 역시 같은 고민을 했다.

"개관 무렵, 저는 호스피스를 찾아와준 아이들을 위해 무엇을 준비하면 좋을까 생각했습니다. 어떤 행사라면 아이들이 좋아해줄까, 어떤 시간을 보내면 아이들과 친구처럼 지낼 수 있을까, 어떻게 하면 가족의 걱정거리를 없애줄 수 있을까……. 하지만 가나에와 유타의 죽음을 겪고 나서, 시설을 한두 번 이용하는 환자에게는 충분한 응대가 어렵다는 걸 느꼈습니다.

물론 그렇다고 포기한다면 호스피스로서의 정체성이 사라지겠지요. 시간이 한정되어 있는 아이일지라도 해줄 수 있는 것이 한 가지라도 있어야 이곳이 사회에 존재하는 의미가 있습니다. 그것이 무엇인지, 두 아이가 떠난 후 저희는 오랫동안 고민했습니다."

호스피스는 난치병 어린이를 위한 레저 시설에 그치는 것이 아니라, 아이들의 더 나은 마지막을 만들어주어야 하는 장소였다. 두 아이의 죽음은 이를 다시 한번 깨닫게 했다.

2016년 12월, 호스피스는 입구에서부터 크리스마스 분위기가 물씬 풍겼다. 2층에 닿을 정도로 높은 트리에는 솔방울 리스와 반짝거리는 금은 장식들이 달려 있었다. 12월에 들어서 여러 차례 열린 크리스마스 파티 때 아이들과 부모들이 만든 것이다. 재미있는 것은 트리의 장식이 대부분 아래쪽에 몰려 있는 것이었다. 아이들이 자신의 손이 닿는 곳에만 매달았기 때문이다. 직원들은 굳이 옮겨 달지 않고 그것을 보며 즐거워했다.

건물 안에서는 캐럴이 흘렀다. 그러나 봄에 비하면 조금 굳은 분위기였다. 앞선 두 아이의 죽음을 겪으면서 직원들이 호스피스의 방향성에 대해 혼란을 느끼고 있었기 때문이다.

이 혼란은 이용자 아이의 부모와의 관계에서도 마찬가지였다. 호스피스는 헬렌&더글러스 하우스처럼 아이들이 세상을 떠난 후에도 유족과 관계를 유지하고 정서적인 지원을 하고자 했다. 그들이 방문할 때마다 직원들이 따뜻하게 맞아주고, 떠난 아이에 대한 추억도 함께 나눌 수 있는 공간이 되고 싶었다.

그러나 가나에와 유타의 부모와는 연락을 계속 주고받는 관계가 되지 못했다. 이는 직원들이 두 아이의 장례식에 초대받지 못한 것에서도 알 수 있었다. 이러한 현실을 바꾸기 위해서는 지금까지 해온 것 이상으로 가족들과 친밀한 시간을 보내야 했다. 그러나 연말연시가 되면서 호스피스 이용자 수가 급감했다. 추위 때문에 많은 아이의 병세가 악화되거나 가족이 외출을 주저했기 때문이다.

사무국장 미즈타니는 말한다.

"저희는 시간이 지나면서 점점 이용자가 늘어날 것으로 예상했습니다. 그럼 아이들은 물론 그 가족들과 더 깊은 관계를 맺을 수 있으리라 기대했지요. 하지만 아이들의 몸 상태는 생각한 것보다 기복이 더 심했어요. 이용자가 줄어들면서 저희도 그들을 만날 기회가 줄었습니다. 행사는 인원이 모자라서 취소되고, 개인 예약도 아이의 몸 상태가 나빠져 취소될 때도 있었습니다. 예상하지 못한 일이었습니다."

직원 중에 오야 가요(大矢 佳代)라는 보육교사가 있었다. 유치원과 병원에서 25년 가까이 일하고 HPS 자격도 가지고 있던 오야는 호스피스가 개관할 즈음, 보육교사가 필요하다는 이치카와의 제의를 받고 이곳에 합류했다. 그는 또 다른 측면에서 이 문제에 대해 생각하고 있었다.

"개관 이후로 호스피스가 행사에만 초점을 맞춰온 느낌이 듭니다. 저는 보육교사이기 때문에 팔을 움직일 수 없는 아이가 어떻게 하면 공놀이를 할 수 있을까, 걸을 수 없는 아이가 어떻게 하면 달릴 수 있을까 등과 같이 매사 놀이를 중심으로 생각했습니다.

하지만 행사에 참가하는 이들은 대부분 몸 상태가 비교적 안정된 아이들이에요. 그런 아이들은 몇 번이고 놀러 오지만, 병세가 심한 아이들은 다른 아이들과 같은 속도로 움직일 수 없기 때문에 개인 이용이 아니면 올 수 없습니다. 호스피스가 계속 이대로 행사만 중요시한다면 병세가 심한 아이들은 소외되고 맙니다. 한쪽에 집중하는 게 좋은지, 아니면 잘 병행해나갈 방법이 있는지 여러 가지로 생각하고 있지만, 아직 해결책을 찾지 못했습니다."

개관한 지 8개월이 넘어가는 때에 처음 예상했던 것과 현실과의 차이가 명확해지면서 직원들은 그것을 어떻게 메울지 고민하고 있었다. 지금까지 직원들이 환자뿐 아니라 가족에 대한 돌봄을 중시해온 이유는 아이를 잃은 가족이 큰 정신적 충격을 입고, 경우에 따라서는 가정이 무너지는 일도 있기 때문이다.

아이를 잃은 부모가 어떤 심경에 빠지는지, 뇌종양으로 11살에 세상을 떠난 딸을 둔 이노우에 마사히코 부부의 사례에서 잘 알 수 있다. 부부 사이에 태어난 딸은 어릴 때부터 가라테 도장에 다니는 등 활발한 아이였다. 도복을 입으면 또래의 남자아이에게도 지지 않았다. 하지만 초등학교 5학년 봄, 4등급의 뇌종양이 발견되었다. 남은 시간은 1년이라는 선고도 받았다.

부부는 유명하다는 병원은 다 찾아다녔지만 치료한 보람도 없이 이듬해 딸을 잃었다. 딸이 죽었을 때 마사히코는 깊은 슬픔에 빠졌지만 한편으로는 이제 괴로움에서 해방될 것이라 생각했다. 그러나 시련은 계속되었다.

우선 아내가 충격으로 몸에 이상이 생겼다. 딸이 투병할 당시 이미 몸 상태가 좋지 않았으나 딸을 잃은 이후 불면과 우울증 증세가 한꺼번에 나타나 집 밖으론 한 발짝도 나가지 못하는 상태가 되었다. 누워 있다가도 갑자기 울음을 터뜨리곤 했다.

마사히코는 회상한다.

"아내의 상태는 점점 심각해졌습니다. 다른 사람이 죽은 딸에 대해 물어볼까 두려워서 사람을 만나려 하지도 않았습니다. 아내는 마치 딴 사람처럼 변해갔습니다. 지금 와서 생각하니 딸을 돌보는 데 모든 신경을 쏟으며 살다가 딸이 떠난 후 긴장이 풀리면서 병이 생긴 것 같습니다. 저 역시 잠깐 눈을 뗀 사이에 아내가 극단적인 선택을 할까 두려워 제정신이 아니었어요."

부부 사이는 파탄 날 지경까지 이르렀지만, 다행히 아내는 두 가지 일을 계기로 나아질 수 있었다. 하나는 다타라에게 아이를 잃은 어머니들의 자조(自助)모임을 소개받아 다니기 시작한 것이고, 두 번째가 둘째 아이를 가진 것이었다.

마사히코는 이어 말한다.

어린이 호스피스의 기적

"아이를 잃는다는 것은 부모에게 너무나 큰 고통입니다. 아내는 같은 아픔을 겪은 사람들의 도움과 둘째 딸의 탄생으로 일상 생활이 가능할 정도로 회복했습니다. 하지만 지금도 아슬아슬한 상태로 살아가고 있어요. 언제 마음이 다시 무너져버릴지 모릅니다. 저 역시 일이나 취미로 관심을 돌려 어떻게든 균형을 잡으려고 애쓰고 있습니다. 딸이 죽은 지 5년이 지났는데도 여전히 그러고 있어요. 이는 아이를 잃은 대부분의 부모가 직면하고 있는 현실입니다."

마사히코의 이야기는 아이를 잃은 유족의 정신적 고통이 어느 정도인지를 잘 보여준다. 호스피스는 바로 이러한 상황에 처한 유족을 지원하는 것을 목표로 하고 있었다. 그러나 이를 위해서는 미즈타니와 오야의 말처럼 아이들이 살아 있을 때부터 깊은 관계를 맺을 필요가 있었다. 몇 번의 이용으로 신뢰 관계를 쌓으려면 남다른 각오와 노력이 필수였다.

다타라는 이 상황을 어떻게 보고 있을까.

"흔히 환자가 사망하면 끝이라고 생각하는데, 완화의료에는 가족의 심적 고통을 돌보는 것이 포함되어 있습니다. 영국의 완화의료는 이를 전제로 사회가 유족을 지원하는 시스템이 마련되어 있습니다. 헬렌&더글러스 하우스의 경우도 이용 가족 절반이 아이가 죽은 후에도 2년 정도 자신들을 돌봐줄 것을 부탁한다고 합니다. 하지만 일본에는 아직 이러한 개념이 없습니다. 쓰루미 호스피스가 처음으로 만들려고 하니 어려운 것은 당연하지요.

이건 하루아침에 이루어지는 게 아니에요. 아이가 살아 있을 때부터 제대로 된 관계를 맺는 것이 중요합니다. 단순히 가족을 돌보는 것이 아니라 생전의 관계를 통해 아이들에 관한 추억을 공유하며 가까이 다가가는 것, 호스피스는 그 방법을 찾아나가야 합니다."

영국과 일본은 난치병 어린이나 가족을 둘러싼 환경 자체가 전혀 달랐다. 그렇기 때문에 여기서는 일본에 적합한 방법을 모색해야 했다.

다음은 하라의 말이다.

"호스피스가 아닌 장소에서 가족과 교류하는 게 중요합니다. 저희가 먼저 병원이나 자택을 방문하는 것도 방법이겠지요. 하지만 그러려면 병원과의 연계도 필요합니다. 병원이 호스피스가 목표로 하는 것에 동의하고 직원들을 받아들여야 해요."

직원들도 자신들이 어려운 도전을 하고 있다는 것을 잘 알기에 고민에 고민을 거듭하며 답을 찾고 있었다. 그러던 중 호스피스는 큰 시련에 부닥쳤다. 해가 바뀌고 얼마 지나지 않아 이곳을 이용하던 아이들이 연이어 세상을 떠나게 된 것이다.

7장

짧지만 짧지 않은 생

살아온 흔적이
담긴 앨범

2017년 1월 14일은 아침부터 한파가 덮쳤다. 일기 예보에서는 다음 날 최저 기온이 영하로 떨어지고 일시적으로 눈이 내릴지도 모른다고 했다.

호스피스는 입구에서부터 설날 분위기가 물씬 풍겼지만, 이용자 수는 12월과 마찬가지로 여전히 적었다. 그런 상황에서 직원들은 오랜만에 바삐 움직였다. 고바야시 아쓰히토(가명)라는 2살 남자아이가 놀러 오기로 했기 때문이다.

시간이 지나자 어머니 품에 안긴 아쓰히토가 누나와 함께 찾아왔다. 항암제로 머리카락이 빠져 있었지만 동그란 얼굴이 한층 돋보여 사랑스러웠다. 오랜만의 외출로 멋을 부린 듯 그림이 그려진 스웨터에 두꺼운 청바지를 입고 있었다.

아쓰히토는 도착하자마자 천진난만하게 여기저기를 돌아다녔다. 세발자전거 두 대를 번갈아 타보더니, 과자를 발견하고 아작아작 씹어 먹기도 했다.

직원이 장난감 피아노로 〈호빵맨〉 주제가를 연주하자 아쓰히토는 큰 소리로 따라 불렀다. 옆에 있던 어머니가 흥얼거리자 이에 질세라 더 크게 불렀다. 어머니가 가사를 틀리면 쯔코미(일본 만담 등에서 우스꽝스러운 역할을 하는 사람의 실수를 지적하여 이야기를 제대로 진행시키는 사람—옮긴이)처럼 "아니야!"라고 외쳐서 그곳에 있던 사람들이 배를 잡고 웃기도 했다.

아쓰히토의 누나도 동생을 무척이나 귀여워했다. 앗 군, 앗 군 하고 부르며 곁에서 떠나지 않았다. 투병으로 이제까지 놀 기회가 없었기 때문에 둘은 무척 즐거워 보였다. 아쓰히토는 신기하게도 누나가 하는 말은 잘 들었다.

직원들은 아쓰히토가 호스피스에 잘 적응하는 모습을 보고 안도했다. 작년부터 아이들은 물론이고 그 가족들과 깊은 유대를 맺는 것을 목표로 다양한 시도를 한 성과가 보이는 것 같았다.

그러나 지금에 이르기까지 아쓰히토 가족 역시 고통스러운 나날을 보냈다. 아이가 태어난 것은 2014년 7월이었다. 아무 문제 없이 건강한 아이라고 생각했는데, 생후 10개월이 되던 날 혈뇨가 나왔다. 병원에 가니 소아암의 일종인 횡문근양 종양(rhabdoid tumor)이라는 진단을 받고 오사카 의료센터에 입원했다.

어린이병동에 들어와서는 온몸에 기계를 달고 약물요법과 방사선 치료를 계속 받았다. 부모는 말할 것도 없고 당시 5살이던 아쓰히토의 누나도 심하게 동요했다. 귀여운 동생이 갑자기 온몸에 관을 꽂은 것도 모자라 만날 수도 없게 된 것이다. 누나는 점점 말을 하지 않고 겉으로 감정을 드러내지도 않았다.

다행히 반년에 걸친 치료 끝에 아쓰히토의 종양은 보이지 않을 정도로 작아졌지만, 이 병은 재발하면 완치가 어렵다는 것이 특징이었다. 의사는 부모에게 이러한 내용을 전달하고 앞으로도 정기검진을 통해 상황을 지켜보면서 일상으로 복귀해나가자는 방침을 제시했다.

집으로 돌아와서 얼마 후, 부모는 아쓰히토를 근처 어린이집에 보냈다. 그러나 불과 2개월 만에 불안은 현실이 되었다. 몸 상태가 다시 나빠진 것이다. 병원에 데리고 간 그 주 주말 부모는 아쓰히토와 여행을 떠날 예정이었다. 애니메이션 〈꼬마기관차 토마스와 친구들〉을 좋아하는 아이에게 시즈오카(静岡)현에 있는 오이가와(大井川) 철도의 토마스호를 태워주려고 했다.

부모는 의사에게 여행을 취소하는 편이 좋을지 상의했다. 의사는 잠시 생각한 뒤에 대답했다.

"여행 계획이 있으시면 가셔도 됩니다. 아쓰히토 군이 토마스를 보면 무척 기뻐할 거예요."

암이 재발했음을 직감해 여행이라도 가게 해주려던 것이다. 부모는 예정대로 아이를 데리고 토마스호를 보러 갔다. 이동 중에 아쓰히토는 축 늘어져 있었지만, 도착하고 나서는 언제 그랬냐는 듯 기운을 차리고 "토마스!" 하고 소리 지르며 좋아했다. 부모는 그 모습을 보고 오기를 잘했다며 안도했다.

그리고 여행에서 돌아온 후, 부모는 검사결과를 들었다.

"안타깝게도 암이 재발했습니다. 치료는 해보겠지만 아마 굉장히 힘든 싸움이 될 겁니다."

부모는 큰딸을 걱정했다. 동생이 퇴원했다고 그렇게 좋아했는데, 또 입원하게 되면 크게 낙담할 것이었다. 의사는 이러한 사정을 헤아린 것인지 덧붙였다.

"올해 봄에 쓰루미 녹지공원에 어린이 호스피스가 생겼는데, 한번 이용해보시는 건 어떻습니까?"

"호스피스요?"

"거기는 나이 든 환자가 있는 시설이 아닙니다. 난치병 아이들을 위한 공간이지요. 의료지식을 갖춘 직원들이 아이는 물론 그 형제와 부모까지 지원하는 곳입니다. 가족이 함께 편히 지낼 수 있는 곳이니 한번 연락해보시죠."

아쓰히토의 가족이 호스피스를 처음 방문한 것은 11월에 열린 가을 축제였다. 이 축제는 호스피스를 중심으로 지역 로터리 클럽과 중고등학생들의 협력으로 열렸다. 모터의 진동을 이용한 종이씨름이나 경사대에서 공을 떨어뜨려 과녁에 맞추는 스트럭 아웃 등 아픈 아이들도 즐길 수 있는 놀이가 실내에 가득했다. 특히 남자아이들은 정원의 레일을 달리는 6인승 미니 증기기관차를 좋아했다.

아쓰히토는 기관차를 보자 눈을 반짝였다. 그리고 차례가 오자 가족과 함께 올라탔다. 운전을 담당한 봉사자가 전방을 가리키며 외쳤다.

"출발!"

기관차가 천천히 움직이기 시작하자 아쓰히토는 흥분을 감추지 못했다. 직원이 말을 걸면 얼굴 가득 미소를 지으며 손을 크게 흔들었다.

축제 분위기에 적응한 누나도 아쓰히토의 손을 끌고 저기에 한 번 더 가보자고 하거나 친해진 봉사자에게 동생을 소개했다. 아쓰히토도 누나가 곁에 있어서 안심한 듯 보였다. 부모는 그런 아이들을 보고 이곳에 오기를 정말 잘했다고 생각했다.

가을 축제 이후, 아쓰히토와 누나는 계속 호스피스에 또 놀러 가고 싶다고 말했고, 부모도 더 열리는 행사가 있는지 호스피스 측에 자주 연락했다.

이 가족이 쓰루미 호스피스를 의지할 수 있었던 것은 직원들이 노력을 거듭해온 덕분이었다. 직원들은 등록한 이용자에게 먼저 연락해 일상적인 대화를 나누면서 자연스럽게 고민거리를 들어주었다.

이치카와 마사코는 다음과 같이 말한다.

"지금까지 뜻대로 일이 진행되지 않은 적도 있었기 때문에 가족들과 더 자주 연락을 주고받는 것이 중요하다고 생각했습니다. 이를 위해 개관 때부터 아이 1명당 직원 1명이 붙는 일대일 시스템을 운영하고 있었으나, 역할이 그다지 분명하지 않았습니다. 그래서 이제 직원들이 이용자에게 메신저, 전화, 편지 할 것 없이 다양한 방식으로 연락해보기로 한 것입니다."

오야 가요도 말한다.

"의식적으로 메신저를 주고받았습니다. 주로 소소한 일상 이야기나 정보 교환, 행사 알림 등의 내용이었지만, 시간이 지날수록 상담으로 이어졌습니다. 신뢰가 쌓이는 계기였지요."

아쓰히토의 부모도 호스피스에 전폭적인 신뢰를 보냈다. 아이들이 놀고 있는 동안에 직원과 소파에 누워 쉬면서 소소한 이야기로 웃음꽃을 피우기도 했다.

그러나 그런 날은 오래가지 않았다. 2월에 접어든 지 얼마 지나지 않아 아쓰히토의 병세가 악화된 것이다. 생각보다 상황이 심각해 ICU에서 치료를 받게 되었다. 아버지가 그 소식을 전해 왔다. 직원들은 아쓰히토에게 무엇을 해줄 수 있을지 의논했다.

"지금까지 찍어둔 사진이 있는데, 앨범을 만들면 어때?"

"앗 군 의식이 없는데 괜찮을까?"

"감각은 남아 있을 수도 있잖아. 희미하게나마 보이거나 들릴지도 모르고. 병실에 앨범이 있으면 가족 모두 기뻐할 거야."

직원들은 지금까지 찍어둔 사진을 인화하여 앨범을 제작했다. 아쓰히토가 큰 쿠션 위에 앉아 누나와 손장난하고 있는 모습, 안뜰에서 함께 비행기를 올려다보고 있는 모습, 노래를 부르고 있는 모습 등이 담겼다. 사이사이 누나와 어머니가 그린 그림도 끼워 넣었다. 그리고 모든 사진에 직원들의 메시지를 남겼다. 아쓰히토가 사진을 보지 못하더라도 어머니가 읽어주는 메시지를 들을 수 있도록.

또 색종이로 아쓰히토가 좋아하는 토마스호를 만들어 앨범에 붙이고 말풍선에 '내가 제일 좋아하는 앗 군에게'라고 써서 토마스가 말을 거는 것처럼 만들었다.

니시데 유미는 준비가 끝나자 다른 직원과 함께 앨범을 들고 오사카 의료센터로 찾아갔다. ICU는 면회가 불가능해서 1층에 있는 카페에서 부모를 만났다. 니시데는 앨범을 건네며 말했다.

"저희가 함께 만든 건데 괜찮으시면 받아주세요. 저희는 항상 앗 군이 다시 오기를 기다리고 있습니다."

"감사합니다. 아쓰히토도 잘 버텨줄 거예요."

부모는 앨범을 손에 들고 몇 번이나 감사 인사를 전하며 아이에게 돌아갔다. 이후 아쓰히토의 병세는 나빠졌다가 나아졌다가를 반복하다가 급격히 악화되기 시작했다. 부모가 머리맡에서 이름을 불러도 반응이 없었다. 그리고 2월 16일, ICU에 온 지 10일째 되던 날, 아쓰히토는 결국 숨을 거두었다. 30개월의 인생이었다.

부모는 힘든 상황에도 잊지 않고 호스피스에 연락해 아쓰히토가 세상을 떠났다는 소식과 장례 일정을 알리고 지금까지 감사했다는 말을 전했다.

직원들은 부고를 듣고 슬픔에 빠졌지만, 가족에게 아이의 소식을 이렇게 바로 전달받은 것은 처음이었다.

고별식 전날 밤에는 니시데가 다른 직원들과 함께 조문했고, 고별식 당일에는 이치카와가 참석했다. 장례식장에는 작은 관과 천진한 미소를 띤 아쓰히토의 영정사진이 있었다. 몇 년 더 살 수 있었더라면 얼마나 사랑스러운 아이로 자랐을까. 직원들은 영정사진을 보며 가슴이 미어졌다.

니시데는 말한다.

"앗 군은 최고로 귀엽고, 여러 사람을 끌어당기는 매력이 있었습니다. ICU에 들어간 사실을 알았을 때, 앗 군을 위해 무엇이라도 해주고 싶었습니다. 앨범을 만들자는 말도 자연스럽게 나왔습니다.

부모님이나 누나와도 어느 정도 친밀한 관계를 쌓을 수 있었습니다. 이렇게 했으면 더 좋았겠다는 아쉬움도 있지만, 저희가 할 수 있는 것을 해나가면 신뢰를 받을 수 있다는 사실을 깨달았습니다. 이것을 앞으로 얼마나 더 발전해나갈지, 다른 가족에게도 똑같이 할 수 있을지가 과제입니다. 이렇듯 앗 군과의 만남은 저희에게 큰 영향을 미쳤습니다."

아쓰히토와의 이별을 통해 느낀 것은 작년 여름에 경험한 것과는 전혀 다른 것이었다. 그러나 호스피스 이용자 중에 세상을 떠난 것은 아쓰히토만이 아니었다. 그다음 달에도 또 하나의 작은 목숨이 떠났다.

가족을 잇는
사람

　2월 중순, 호스피스 입구 정면에는 큰 히나단(히나마쓰리에서 인형 등을 진열하는 계단식 단―옮긴이)이 놓였다. 붉은 천 위에는 친왕을 비롯하여 궁녀, 악사, 호위무사와 같은 인형이 호화로운 옷을 걸치고 늠름한 표정으로 진열되어 있었다.

　이 인형들은 유족이 보내준 기증품이었다. 3장에서 소개한 요시오카 사쿠라다. 요시오카의 딸은 중학교 1학년 때 호스피스의 완공을 손꼽아 기다리다가 백혈병으로 세상을 떠났다. 그는 딸이 죽고 얼마 안 있어 딸과 같은 난치병으로 고통받는 아이들을 위해 친정에서 물려받은 인형을 기증했다.

　2월이 되어서도 호스피스 이용자는 여전히 적었기 때문에 직원들은 병원 방문이나 자선 행사 등 주로 외부 활동에 초점을 맞췄다. 그러던 중 유일한 남자 직원인 아오기 유토(青儀 祐斗)의 존재감이 커졌다.

아오기는 20대 후반의 물리치료사였다. 차분하고 산뜻한 청년으로 아이들이 형이나 오빠처럼 잘 따랐다. 아오기는 행사 때마다 아이들의 인기를 독차지했다.

아오기가 장애인 복지에 관심을 갖게 된 것은 다니던 초등학교가 특별지원 학교와 적극적으로 교류하고 있었기 때문이다. 이후 그는 고등학교를 졸업한 후 복지직을 목표로 대학에서 물리치료를 전공했다.

졸업 후에는 오사카의 특별지원 학교에 물리치료사로 들어가 장애아에게 몸을 움직이는 즐거움을 가르쳤다. 그중 오사카 의료센터에 다니고 있던 한 아이로부터 어린이 호스피스 프로젝트 측에서 물리치료사를 찾고 있다는 얘기를 듣고 자원봉사자로 합류했다.

그때 아오기가 참가한 행사는 '두근두근 교실'이었다. 그는 난치병으로 몸이 불편한 아이들을 안아서 놀이에 참여시키거나, 건강한 형제들과 지칠 때까지 술래잡기를 했다. 지원학교에서 본 아이와 가족의 풍경과는 또 달랐다.

자원봉사를 시작하고 3년째 되던 해, 아오기는 프로젝트 측으로부터 호스피스가 개관하면 직원으로 와달라는 제의를 받았다. 아오기의 전문성과 진지한 성품을 높이 산 것이다. 아오기는 호스피스의 이념에 공감하고 있었기에 제의를 받아들였다. 그리고 개관 이후 지금까지 설명회와 축제 등 사업 전반에 참여하면서 몸이 불편한 아이들을 돌보고 재활훈련 상담까지 담당했다.

2016년 가을부터 이듬해 봄에 걸쳐 아오기가 걱정하던 여자아이가 있었다. 초등학교 4학년인 미우라 사야카(가명)였다. 앞서 나온 아쓰히토와 같은 시기에 호스피스에 등록하고, 집에서 월 1회 정도 방문하고 있었다.

사야카가 처음 호스피스에 왔을 때는 휠체어에서 인공호흡기를 달고 있었다. 몸을 움직일 수 없는 상태였다. 갑작스러운 발병이었다고 했다. 그전까지는 아무 일 없이 학교에 다니고 있었는데, 갑자기 의식을 잃고 쓰러져 병원에 실려 간 후로 자발적인 호흡조차 불가능하게 되었다. 정밀검사 결과, 몸속에 생긴 암이 뇌로 전이되어 뇌출혈을 일으켰고, 뇌기능 일부가 손상되어 치료할 방도가 없는 상태였다.

부모는 너무나 뜻밖에 일어난 일이라서 이 상황을 받아들이는 것만으로도 벅찼다. 이때 부모를 상담한 의료사회복지사가 쓰루미 호스피스를 소개했고, 부모의 동의를 받아 호스피스 측에 연락했다.

"우리 병원에 뇌출혈로 의식이 없는 초등학교 4학년 여자아이가 있습니다. 봄까지 살 수 없을 거라는 진단을 받았고요. 휠체어를 타고 외출하는 것은 가능한데, 호스피스를 이용할 수 있을까요?"

이치카와와 니시데는 곧바로 병원으로 가서 사야카의 어머니를 만났다. 어머니는 의기소침해 있었고, 사야카는 침대에 죽은 듯 누워 있었다. 이치카와와 니시데는 상황이 심각함을 깨달고 이 가족이야말로 호스피스가 필요하다고 생각해 그 자리에서 수속 절차를 밟았다.

9월이 되고 얼마 지나지 않아 부모는 사야카를 데리고 호스피스를 방문했다. 2살 아래 남동생도 함께였다.

그러나 가족을 맞이한 직원들은 곧 무언가가 이상하다는 것을 깨달았다. 종말기 아이를 둔 부모는 이곳에서 어떤 시간을 보낼지 목표를 가지고 찾아오는데, 사야카의 부모는 하고 싶은 것이 없었을 뿐 아니라 직원의 제안에도 고개를 갸웃거리며 당혹스러워하기만 한 것이다. 대화를 나누고 나서야 부모가 병원으로부터 사야카의 병세에 대한 정확한 설명을 듣지 못했음을 알았다. 부모는 막연하게 사야카가 회복하기만을 바라고 있었고, 때문에 남은 시간을 의미 있게 보낸다는 생각을 하지 못한 것이다.

이는 병원마다 가족에게 어떻게 고지할지 그에 대한 방침이 정해져 있지 않아 벌어진 일이었다. 의사들은 애매한 표현으로 얼버무림으로써 가족들을 이러지도 저러지도 못하는 상황에 빠뜨렸다. 사야카의 가족이 바로 이 경우였다.

직원들은 몇 번의 논의 끝에 사야카를 연결해준 복지사를 통해 병원 측과 상의하여 가족에게 현재 상황을 전하기로 했다. 병원과 호스피스가 같은 방향으로 나아가는 것이 가족에게 도움이 되기 때문이었다. 그래서 간호사 니시데를 비롯해 의료현장을 잘 알고 있는 직원들이 병원으로 향했다. 그들은 의료진과

복지사를 만나 쓰루미 호스피스가 하고자 하는 일을 설명했다. 병원 측도 어느 정도 이해하는 입장이었다.

이를 계기로 사야카의 부모는 병원으로부터 상세한 설명을 듣고 마음의 준비를 할 수 있었다. 다만 초등학교 2학년이던 사야카의 남동생은 여전히 혼란스러워했다.

직원들을 고민하게 만든 또 한 가지가 바로 이 남동생의 태도였다. 남동생은 호스피스에 있는 동안 직원들과 함께 캐치볼을 하거나 책을 읽었지만, 한 번도 누나를 들여다보지 않았다. "누나는 뭘 좋아해?" "누나한테도 같이 하자고 말해볼까?"라고 물어도 입을 굳게 다물었다. 직원이 누나를 데려오려고 하면 조용히 다른 방으로 가버리기도 했다.

아오기는 회상한다.

"누나의 갑작스러운 병을 받아들이지 못한 것도 있고, 무엇보다 부모님의 신경이 온통 누나에게 쏠려 있어 쓸쓸했던 것 같습니다. 여러 감정이 뒤섞여 누나에 대한 원망이 생겼고, 본인 스스로도 어떻게 해야 좋을지 몰라 방황하는 듯했습니다."

아오기는 그런 동생의 모습을 보고 자신이 중간에서 가족을 이어주는 역할을 해야겠다고 다짐했다. 그래서 사야카를 그네에 태울 때 동생에게 도움을 요청하거나 점심 주문을 할 때 누나가 무엇을 좋아하는지 물어보았다.

그러다가 사야카와 동생의 거리가 가까워졌다고 실감한 순간이 있었다. 함께 놀던 어느 날, 누가 먼저랄 것도 없이 가족사진을 찍자는 얘기가 나왔다. 어머니가 사야카를 끌어안고 카메라 쪽을 보는데, 동생은 장난감 자동차에 탄 채 가까이 가기를 망설이고 있었다.

"자, 사진 찍자. 누나 옆에 서렴."

아오기가 이끌자 동생은 주뼛주뼛 사야카의 옆에 섰다. 아오기는 더 이끌었다.

"좀 더 가까이 붙어. 더 가까이. 자, 웃어요. 다 같이 즐거운 표정으로!"

그러자 동생은 손을 뻗어 누나의 손을 잡고 얼굴 가득 미소를 지으며 사진을 찍었다.

이날 이후, 사야카의 가족은 조금씩 하나가 되어갔다. 그들이 바라는 것은 단 한 번이라도 사야카와 의사소통을 하는 것이었다. 나을 가망이 없다는 것을 알면서도 바라지 않을 수 없었다.

그런 사야카가 가족에게 한 줄기 빛을 가져다준 일이 있었다. 가족이 호스피스에 놀러 왔을 때의 일이다. 음악치료사가 피아노 연주를 들려주겠다고 말한 것이 계기가 되어 그 연주를 배경으로 그림책을 읽어주게 되었다. 그런데 직원 중 하나가 소리쳤다.

"어, 사야카 울고 있어!"

부모와 동생이 가까이 다가가 사야카의 얼굴을 들여다봤다. 무표정하게 천장을 바라보고 있던 사야카의 눈가가 젖어드는 것이 보였다.

"감동해서 그런 거야. 사야카는 움직일 순 없어도 피아노 소리나 그림책 내용은 다 들은 거야!"

가족은 매우 기뻐하며 사야카의 귓가에 입을 가까이 대고 이름을 불렀다.

이 무렵의 가족에 대해서 아오기는 말한다.

"사야카의 가족은 호스피스에 올 때마다 가까워졌습니다. 병원 선생님들이 잘 응대해주신 덕분에 부모님은 마음의 준비를 하셨고, 저희도 중간에서 가족이 하나가 되도록 도와드릴 수 있어요.

특히 아버님이 사야카를 목욕시켰을 때가 인상 깊네요. 호스피스에 큰 욕조가 있는 것을 아시고 아버님이 사야카를 병원이 아닌 곳에서 씻겨주고 싶다고 하셨거든요. 수영복으로 갈아입은 아버님이 사야카를 안아 욕조에 들어갔습니다. 더워서 땀을 흠뻑 흘리셨지만 굉장히 즐거워 보였습니다. 제가 옆에서 목욕시키는 것을 도와드리고 이치카와 씨가 아버님의 이마에 흐르는 땀을 닦아드렸습니다. 사야카도 기분이 좋은 듯 개운한 표정을 하고 있어 그 자리에 있던 모두가 행복해졌지요.

목욕을 마친 후, 아버님은 벌겋게 달아오른 얼굴을 하면서도 사야카를 씻겨줄 수 있어서 좋았다고, 아이도 정말 즐거워 보였다고 몇 번이나 얘기하셨습니다."

그러나 가족에게는 시간이 많이 남아 있지 않았다. 사야카의 몸에 있던 암은 강했고, 결국 3월의 어느 날 사야카는 10살의 나이로 세상을 떠났다.

이후 부모는 호스피스로 연락을 해왔다. 지금까지 감사했다는 말도 잊지 않았다.

아오기는 직원과 함께 꽃을 들고 사야카의 집을 찾았다. 아오기 일행을 맞아들인 어머니는 지금까지 찍은 사야카의 사진을 꺼내왔다. 그리고 병실 침대에 가족이 함께 누워 즐겁게 수다 떤 일, 가족사진을 몇 장이나 찍었던 일 등 끝없이 이야기를 나누었다. 각오를 했다고는 해도 너무나 이른 자식과의 이별에 마음이 어지러운 어머니는 이렇게 누군가와 추억을 공유하고 싶었는지도 몰랐다.

사야카의 남동생이 그런 어머니의 모습을 보고 아오기의 손을 잡아끌었다.

"있잖아, 아오기 형. 저기 가서 놀자."

"응?"

"저쪽에 장난감이 있어. 보여줄게."

동생의 눈이 진지했다. 아오기는 뭔가 이유가 있을지도 모른다고 생각해 다른 직원에게 어머니를 부탁하고 동생과 다른 방으로 갔다. 동생은 그곳에서 장난감을 가지고 놀았다. 그러다가 쓸린 상처를 보여주고는 학교에서 소프트볼을 하다가 다쳤다고 말했다. 그 말을 하면서도 어머니의 모습이 신경 쓰였는지 힐끔힐끔 쳐다봤다.

아오기는 이들이 아직 사야카의 죽음을 받아들이는 과정에 있다고 느꼈다. 사전에 시한부 선고를 받았다고 해도 죽음을 받아들이는 것은 힘든 일이다. 가족을 잃는다는 것은 상상을 초월하는 슬픔이니까. 앞으로도 이들에게는 많은 시련이 기다리고 있을 것이었다.

이렇게 쓰루미 어린이 호스피스는 개관한 지 1년을 넘기고 있었다.

사진전으로
되살아난 생명

벚꽃이 만개하고 봄기운이 완연한 4월, 개관 2년 차를 맞이한 쓰루미 어린이 호스피스는 새로운 방침을 세웠다. 지난 1년 동안은 행사 개최와 개인 이용까지 바쁘게 달려왔다. 또 난치병 아이들에 대한 지역사회의 이해를 넓히려고 애썼다. 그러던 중 해가 바뀌고 세상을 떠난 아쓰히토와 사야카와의 만남은 새로운 것을 가르쳐주었다.

바로 호스피스를 몇 번 이용하지 않은 아이들이라도 집중적으로 지원하면 어느 정도의 결실을 맺을 수 있다는 것이었다. 다만 그렇게 하려면 호스피스 전체가 특정 대상 및 활동에 중점을 둘 필요가 있었다.

그래서 이용자의 선정 기준을 다시 검토했다. 이제까지 호스피스에서는 난치병 아이들을 다음의 세 가지로 구분하고 있었다.

Ⅰ. 1년 이내에 사망할 가능성이 있는 아이

Ⅱ. 소아암 치료 중이거나 끝났더라도 재발 가능성이 있는 아이, 혹은 신경계 질환으로 입퇴원을 반복하는 아이

Ⅲ. 치료를 종료한 지 1년 이상 지났으며 학교에 다니는 등 안정기에 접어든 아이

원래는 병세의 정도와 상관없이 모든 아이를 받아들였지만, 이제부터 Ⅰ 및 Ⅱ의 아이들로 기준을 좁히기로 했다. 특히 Ⅰ에 해당하는 아이들을 최우선으로 받아들이고 그 아이들이 호스피스를 이용하지 않을 때에도 자주 연락을 주고받게 했다. 이렇게 되면 안정기의 아이들을 위한 행사는 줄어들지만 그만큼 개별 응대를 늘릴 수 있었다.

니시데 유미가 말한다.

"첫 1년은 이용자들과의 거리를 고민하는 사이에 지나가버린 느낌이었습니다. 이대로는 안 된다는 생각에 전 직원이 의논한 끝에 원점으로 되돌아가기로 했습니다. '친구로 다가간다'는 처음의 뜻으로 말이지요.

여기서 중요한 것은 '친구'입니다. 병원의 의료진과 환자와 같은 관계가 아니라 함께 침대에 누워 재밌는 이야기를 나누는 관계 말입니다. 여기에서 그런 관계를 맺을 수 있다면 아이에게도 가족에게도 특별한 곳이 되리라 생각했습니다."

그렇다. 병원에서 벗어난 이들에게 필요한 것은 친구였다. 직

원들은 이들의 친구가 되리라 다짐했다.

4월 15일 토요일 아침, 호스피스의 1층 가장 큰 방에서 봄 콘서트가 열렸다. 객석에는 60명 정도의 이용자와 그 가족이 모였다. 오전에는 기타리스트와 바이올리니스트를 초청해 연주회를 가졌고, 오후에는 이용자의 연주가 있었다. 개관 초부터 이곳을 이용해온 모리오카 쇼의 드럼 연주였다. 6장에 나온 드럼 연주로 인생이 달라진 된 청소년이다.

쇼는 개관 이후 1년 동안 거의 매달 드럼 연습을 위해 호스피스에 방문했지만, 올해로 19살이 되어 졸업을 하게 되었다. 호스피스에서는 이용자의 연령을 18세 이하로 규정하고 있었기 때문이다. 대신 호스피스 측은 콘서트의 오후 파트를 쇼를 위한 성대한 졸업 이벤트로 구성했다.

오후 1시가 넘어 관객들의 우레와 같은 박수를 받으며 쇼가 입장했다. 어머니의 부축으로 무대 중앙에 있는 드럼 앞에 천앉은 쇼는 양손으로 나무 스틱을 꼭 쥐었다. 옆에는 피아노가 있고 그 앞에 쇼에게 멋진 음악의 세계를 가르쳐준 음악치료사가 앉아 있었다.

쇼는 긴장을 풀기 위해 몇 번이나 천장을 올려다보았다. 창문으로 오후의 햇살이 들어왔다. 그가 음악치료사에게 눈짓하자 연주가 시작됐다. 음악이 흘러나오자 관객들은 놀라 눈을 동그랗게 뜨더니 곧 미소를 지었다. 핑크 레이디의 'UFO'였다. 쇼는 관객들의 반응을 보고 안심한 듯 흐뭇한 표정으로 힘껏 스틱을 내리쳤다. 드럼의 리듬에 흥이 오른 몇몇 어른들이 노래를 흥얼거리기 시작했다. 가사를 모르는 아이들도 직원들이 가져다준 탬버린이나 마라카스를 손에 쥐고 함께 리듬을 맞췄다. 휠체어를 탄 아이들은 곡에 맞추어 몸을 흔들었다. 넓은 방이 금세 열기로 가득 찼다.

첫 곡이 끝나자 객석에서 환호와 박수가 터져 나왔다. 쇼는 조금 쑥스러운 표정으로 열기가 식기 전에 두 번째 곡을 연주하기 시작했다. 휴대폰 광고 음악으로 유명해진 '바다의 소리'였다. 이번에는 어린아이들이 환성을 질렀다. 그 후에도 요시모토(吉本) 신희극의 테마곡으로 웃음을 자아냈고, '정열대륙'의 테마곡으로 긴장을 조인 뒤, 나카지마 미유키의 '실'로 여운을 남겼다.

객석 제일 앞에 앉아 있던 쇼의 친척들이 코를 훌쩍였다. 병을 막 진단받았을 때만 해도 쇼가 지금처럼 사람들 앞에서 훌륭한 연주를 할 거라고는 상상하지 못했기 때문이다.

콘서트의 절정은 쇼의 할아버지가 등장한 순간이었다. 오키나와(沖縄)에 살고 있는 할아버지가 이날을 위해 오사카까지 온 것이다. 무대에 오른 할아버지는 객석을 향해 감사의 말을 전하며 손자의 빛나는 무대를 힘껏 응원했다. 할아버지는 마이크를 꼭 쥔 채 오키나와의 아름다움을 찬양하는 노래를 미성으로 불렀다. 객석은 조용해지고 관객들은 노래에 빠져들었다. 콘서트는 앙코르가 몇 번 이어진 후 '세상에서 하나뿐인 꽃'을 연주하며 막을 내렸다.

콘서트가 끝나고 쇼의 어머니에게 아들이 호스피스를 졸업하는 소감을 묻자 밝은 표정으로 말했다.

"쇼는 어릴 때부터 내내 병원에서만 지내다가 겨우 집으로 돌아왔어요. 하지만 친구가 하나도 없었습니다. 그런 아들에게 음악은 처음 사귄 친구였습니다. 매달 드럼을 칠 수 있는 호스피스를 즐겁게 다녔는데, 마지막에 이런 큰 무대까지 마련해주셨네요. 오늘로 쇼는 이곳을 졸업하지만, 언제든 편히 놀러 와도 된다고 하셨습니다. 쓰루미 호스피스는 앞으로도 저희 가족의 지주입니다."

호스피스가 지향하는 것은 쇼와 같은 졸업생을 배출하는 한편, 죽음이 임박한 아이들을 받아들이는 것이었다. 예정대로 설명회와 면담을 통해서 그러한 아이들의 등록을 늘리고 있었는데, 마침 그때 생각지도 못한 재회를 하게 되었다.

봄 콘서트가 열린 다음 달이었다. 호스피스에서는 개관 1주년을 맞아 사진전을 개최하기로 했다. 지금까지 열린 행사 풍경이나 방문한 아이들의 모습을 크게 전시하고, 이용자는 물론 외부인도 올 수 있게 했다.

직원들은 수많은 사진 중에서 전시에 적합한 것, 그리고 추억에 남는 것들을 추렸다. 그리고 가족들에게 연락하여 사용 허가를 얻었다. 그중에서도 대표이사 다카바가 꼭 사용하고 싶은 사진이 한 장 있었다. 6장에 나온 하세가와 유타의 사진이었다. 유타의 가족이 호스피스에 처음 왔을 때, 파라솔 아래에서 도시락을 먹는 모습을 직원이 찍은 것이다. 마치 피크닉에 온 것처럼 단란한 분위기였다.

다카바는 이 사진 한 장에 호스피스가 지향하는 행복한 일상이 담겨 있다고 생각했다. 그래서 그동안 강연회나 설명회에서 이 사진을 일러스트화한 것을 사용해왔다.

사진전이 열리자 그는 이 사진을 전시하고 싶었지만, 유타가 세상을 떠난 이후 부모와 연락이 끊긴 상황이었다. 그는 무턱대고 부모에게 전화할 것이 아니라 성의를 보여야 한다고 생각했다. 그래서 직원들과 의논 끝에 다카바가 유타의 아버지에게, 니시데가 어머니에게 각각 편지를 써서 사진전 소식을 전한 다음, 유타의 사진을 사용해도 되는지 조심스럽게 물어보았다.

며칠 후, 부모로부터 회신이 왔다. 사진 사용을 허락하는 것은 물론 호스피스를 이용할 수 있었던 것과 따뜻하게 배려해준 직원들에 대한 감사의 말이 정성스레 쓰여 있었다.

5월 5일, 사진전이 열렸다. 전시 이름은 '언제나 네 곁에 있을게'였다. 호스피스 1, 2층과 테라스가 아이들의 사진으로 가득 채워졌다.

사진전에는 근처에 사는 주민들과 대학생들도 방문했다. 그들은 직원들의 설명을 들으며 한 장 한 장 유심히 바라보았다. 천진난만하게 웃는 아이들의 모습, 그걸 바라보는 부모의 따뜻한 눈빛, 자원봉사자들의 진지한 표정……. 사진을 보며 눈물을

글썽이는 사람도 있었다.

그리고 방문객 중에 유타의 어머니가 있었다. 직원이 어머니가 온 것을 알아차리고 한 방으로 안내했다. 거기에는 유타네가족이 호스피스에 처음 온 날 함께 점심을 먹는 모습을 담은사진이 크게 걸려 있었다. 어머니는 눈물을 참으며 말했다.

"이런 기회를 주셔서 감사합니다. 사진을 통해 유타가 살아있었다는 것을 여러 사람이 알게 되어서 행복합니다. 그 아이도자기 사진이 크게 걸려 있는 것을 보면 좋아할 거예요."

직원들은 어머니가 사진전을 보고 기뻐하는 모습에 안도했다. 어머니는 새로운 생명을 품고 있었다.

"이렇게 둘째 아이를 가지려고 생각한 것도 유타라는 멋진 아들을 만난 덕분입니다. 유타가 한창 투병할 때 좋은 추억을 많이 만들 수 있었던 것이 큰 영향을 미쳤어요. 천국에 있는 유타도 남동생이 태어나는 것을 보고 기뻐하겠지요?"

천천히, 그러나 확실히 부모는 앞으로 걸어가고 있었다. 아오기는 어머니가 돌아갈 때 사진전에 사용한 사진들을 SD카드에담아 건넸다. 그리고 이 사진전을 계기로 유타의 부모는 호스피스 측과 다시 연락을 주고받게 되었다. 이곳은 부모에게 유타의얘기를 나눌 수 있는 몇 안 되는 장소이기도 했다.

이후 부모는 직원들과 교류하면서 호스피스의 활동에 깊이공감하고 매월 일정 금액을 기부하는 후원자가 되었고, 팸플릿에 실릴 인터뷰에도 응했다. 또 기부금을 모으기 위해 오사카의 자선 마라톤에도 출장했다.

아버지의 말이다.

"저희 부부가 호스피스의 활동에 공감할 수 있었던 것은 유타와 후회 없이 만족스러운 시간을 보냈기 때문입니다. 병원에서 유타가 완치될 수 없다는 말을 들었을 때는 혼이 빠지는 듯한 느낌이었습니다. 하지만 나중에 하라 선생님이 그러시더군요. 이대로 항암제 치료를 계속해도 유타는 병실에서 괴로워하며 죽어갈 뿐이라고요. 나을 가망이 없는 이 어린아이에게 지금 필요한 것은 괴로운 치료가 아니라, 남은 시간을 충실히 보낼 수 있도록 도와주는 것이라고요. 그럼 유타도 저희 아들로 태어난 것을 다행으로 여기고, 저희 역시 저희의 아들로 태어나준 것에 고마워하는, 이러한 행복도 있지 않을까 물으셨어요.

이 말을 들은 순간, 저희 부부는 깨달았습니다. 그리고 저희 욕심으로 유타를 침대에 묶어두기보다, 짧은 시간이라도 유타가 하고 싶은 것을 마음껏 하게 해주자고 마음을 고쳐먹었습니다. 저희는 자유롭게 쓸 수 있는 시간은 전부 유타를 위해 썼습니다."

부모는 유타에게 필요한 치료만 받게 하면서 몸 상태가 좋은 날에는 평일 휴일 할 것 없이 데리고 놀러 다녔다. 공원, 유원지, 테마파크 등 행선지는 그때그때 달랐다. 유타가 가장 좋아한 곳은 고베(神戶)에 있는 호빵맨 어린이 박물관이었다.

부모는 유타가 가장 좋아하는 호빵맨을 만나게 해주고 싶었다. 다만 몸 상태가 불안정했기 때문에 사전에 박물관에 연락해 소아암으로 시한부 선고를 받은 아들에게 공연을 보여줄 수 있는지 문의했고, 담당자는 흔쾌히 허락했다.

9월 2일, 부부는 유타를 데리고 박물관에 갔다. 만일의 사태에 대비해 직원이 함께했다.

공연이 시작되자 다른 아이들과 하나가 된 유타는 악당과 싸우는 호빵맨을 응원했다. 그리고 공연이 끝난 후, 부모와 유타는 직원으로부터 잠깐 남아달라는 말을 듣고 자리에 앉아 있었다. 잠시 후 예상치 못한 일이 일어났다. 호빵맨이 무대 뒤에서 나타나 유타가 있는 곳까지 내려온 것이다. 호빵맨은 유타와 악수를 하고 이렇게 말했다.

"네가 유타구나. 나는 호빵맨이야. 유타야, 우리는 친구야!"

박물관 측에서 유타를 위해 특별히 마련한 시간이었다. 유타는 놀라움과 감동으로 말을 잇지 못했다.

이 경험이 상당히 인상에 남은 듯 다음 날도, 또 그다음 날도 유타는 호빵맨 이야기만 했다. 박물관의 기념품 코너에서 산 호빵맨 과자를 병동 친구들에게 돌리고 그곳에서도 호빵맨과 만난 이야기를 하느라 정신이 없었다. 부부는 기뻐하는 아들을 보고 하라가 했던 말의 의미를 실감했다.

부부가 호스피스를 이용한 것은 박물관에 다녀온 지 8일 후의 일이었다. 여행을 즐기는 것도 좋지만 가족끼리 느긋한 시간을 보내고 싶다고 생각하던 차에 병원으로부터 호스피스를 소

어린이 호스피스의 기적

개받은 것이었다.

그러나 앞서 말했듯이 유타가 호스피스를 이용한 건 두 번이 전부였다. 그 때문에 직원들은 유타의 가족과 깊은 관계를 맺지 못했다며 안타깝게 생각하고 있었다. 후일 유타의 아버지에게 그 이야기를 꺼냈더니 아버지가 이렇게 대답했다.

"직원분들의 지나친 생각입니다. 저희는 호스피스에서만 가능한 시간을 보낼 수 있었습니다. 첫날은 정원에 풀장을 마련해 주셔서 유타와 처음으로 물놀이를 했었지요. 그날이 없었다면 유타는 물놀이 한번 하지 못하고 세상을 떠났을 겁니다. 두 번째 방문한 날도 많은 가족들을 초대해서 파티를 크게 열 수 있었어요. 그런 성대한 파티는 집에서는 할 수 없습니다. 두 번의 이용으로 저희는 저희가 생각했던 것 이상으로 흡족한 시간을 이곳에서 보낼 수 있었습니다. 가족이 영원히 간직할 추억이 되었습니다."

부모가 이렇게 단언할 수 있는 것은 유타가 보낸 마지막 시간들이 죽음을 맞는 최선의 방법이었다고 생각하기 때문이다.

세 가족이 마지막 여행지로 USJ에 간 날은 10월 7일이었다. 얼마 전 외박 중에 피를 토하는 모습을 보고 남은 시간이 얼마 없다고 생각하여 1박 2일 여행을 떠나기로 결정했다. 의사는 부모에게 그 이야기를 듣고 외출을 허가했다. 만일의 사태에 대비해 병세가 자세히 담긴 서류도 작성해주었다.

금요일의 스튜디오는 휴일에 비해 한산했다. 유타는 그때까지 외국 캐릭터 중에서는 스누피를 좋아했는데, 이곳에 와서 〈미니언즈〉의 주인공 미니언에게 마음을 빼앗겼다. 장난치기 좋아하는 사랑스러운 캐릭터에 완전히 빠져버린 것이다. 기념품 코너에 들렀을 때 부모가 스누피를 사주려 하자 유타는 완강히 버텼다.

"미니언이 좋아! 이게 갖고 싶어!"

유타가 태어나서 처음으로 떼를 쓴 순간이었다. 그 모습을 본 부모는 아들의 자아가 싹트기 시작한 것을 느꼈다. 그리고 병마에 시달리면서도 아이가 계속 성장하고 있었다는 사실에 복받쳐 올랐다.

병원에 돌아온 유타의 상태가 위독해진 것은 그로부터 일주일 후였다. 폐로 전이된 암 때문에 기침이 멈추지 않아 호흡곤란 상태에 빠졌다. 의사가 모르핀을 투여하자 의식이 멀어지고 섬망이 나타났다. 의사는 부모에게 가까운 사람들에게 연락하라고 권유했다.

때가 오면 모두 모여 유타의 마지막을 지키기로 했기 때문에 부모는 곧 모든 친척을 불렀다. 친척들은 병실에 도착한 순서대로 침대 곁에 서서 유타에게 말을 걸고 손을 잡고 어깨를 쓰다듬었다. 유타의 의식은 돌아오지 않았고, 동맥혈 산소포화도도 떨어지고 있었다. 부모는 유타를 끌어안고 소리 내어 부르는 것 말고는 달리 할 수 있는 게 없었다. 마지막이 온 것을 알아차린 간호사가 말했다.

어린이 호스피스의 기적

"유타 군의 얼굴을 계속 바라봐주세요."

부모에게 차례차례 안기던 유타는 오후 1시, 저세상으로 떠났다.

아버지는 당시를 떠올리고는 눈물을 참으며 말했다.

"유타가 숨을 거둔 후, 저희가 욕조에서 아이의 몸을 씻기고 간호사분들이 단장해주셨어요. 병원을 떠날 때 40명 정도의 선생님들이 저희를 배웅해주시며 '유타 군, 정말 애 많이 썼어.' '만나서 좋았어.'라고 말해주셨습니다.

저희 부부가 이 병원과 쓰루미 호스피스에 올 수 있었던 건 행운이었습니다. 선생님들을 만나기 전까지는 유타가 죽으면 모든 것이 끝이라고 생각했어요. 병원과도, 함께 투병했던 아이들과도 말입니다.

그러나 저희는 아이가 떠난 후에도 호스피스의 활동에 참여했고, 하라 선생님과도 계속 교류했습니다. 또한 취재에 응해 유타에 대한 이야기도 했습니다. 유타의 죽음은 끝이 아니라 새로운 시작이라고 할 수 있어요. 지금 저희가 호스피스를 돕는 것은 다른 부모들에게도 이러한 것을 알려주고 싶기 때문입니다."

직원들은 아버지의 말에서 중요한 것을 배웠다. 시설에 대한 만족도가 반드시 이용횟수에 비례하는 것은 아니라는 사실이었다. 설령 한 번 오고 말았다고 해도 이곳이 가족의 역사 속에서 귀중한 한 페이지가 되는 것이 중요했다. 어쩌면 그 한 페이지를 만드는 것이 어린이 호스피스의 역할인지도 몰랐다.

사무국장 미즈타니 아야는 말한다.

"가족이 자주 이용하고 싶다고 하면 저희는 가능한 한 그렇게 해드리려고 노력하고 있습니다. 하지만 병세가 위중한 아이는 가족이 원해도 이용할 수 없는 경우가 생겨요. 그렇기에 저희는 한 번의 방문도 소중히 여깁니다. 호스피스 입장에서는 많은 이용자 중에 하나고 수많은 만남 중 하나지만, 가족들에게는 평생 한 번의 기회일지도 모르니까요.

그래서 저희가 지향하는 것은 '깊게 사는 것(Live Deep)'입니다. 한 번 한 번의 만남을 제대로 마주하고 그들의 인생에 가능한 한 깊게 스며들어 소중한 것을 제공하는 것이 목표입니다."

어린이 호스피스의 기적

여름밤의 캠프

여름이 다가오자 직원들은 오래전부터 기획한 행사를 개최할 준비를 했다. 바로 이용자 가족들을 대상으로 하는 숙박 캠프였다. 호스피스에는 숙박이 가능한 방이 있었지만, 첫 1년 동안은 어떤 가족들이 이용하게 할지, 그리고 응급상황이 생겼을 때 어떻게 대처할지 등의 세부사항이 정해지지 않아 활용을 보류하고 있었다.

하지만 개관 2년 차를 맞이한 지금 이용자들에게 특별한 시간을 제공하고 싶었다. 또 이 시간을 통해 이들과 지금과는 또다른 관계를 만들 수 있지 않을까 기대했다.

캠프 기획에 누구보다 열성적이었던 사람은 대표이사 다카바였다. 앞서 소개했듯 그에게는 24시간 간호가 필요한 중증 뇌성마비를 앓고 있는 큰아들 소이치로가 있었다. 그 아들과 둘이서 온천여행을 다니는 게 다카바의 소소한 즐거움이었다. 소이치로는 움직일 수도 말할 수도 없었지만, 따뜻한 탕에 들어갈 때면 기분이 좋은 듯 표정이 부드러워졌다. 바깥의 서늘한 바람과 다다미의 향기를 느낄 때면 눈의 움직임도 평소와 달라졌다. 매일 아들을 간호하는 다카바도 기분 전환을 제대로 할 수 있었다.

다카바는 호스피스의 이용자들도 이런 경험을 하게 해주고 싶었다. 이용자 중에는 경제적인 사정으로 여행을 가지 못하거나 타지에서 아이가 잘못될지 모른다는 불안 때문에 망설이는 이들이 적지 않았다. 그러니 호스피스에서 캠프를 연다면 그들에게 희망을 줄 수 있었다.

호스피스는 다이와 하우스(Daiwa House) 그룹의 후원금을 받아 여름에서 가을에 걸쳐 세 번의 캠프를 개최했다. 7월에 열린 첫 번째 캠프는 소아암 아이들을 대상으로, 10월에 열린 두 번째 캠프는 조건 없이, 11월의 세 번째는 소아암 이외의 아이들을 대상으로 했다.

첫 번째 캠프는 'TCH 캠프'라는 이름으로 소아암 자녀를 둔 다섯 가족이 참가했다. 아이들의 연령대는 미취학아동에서 초등학생이었다. 캠프 당일 오후가 되자 가족들이 호스피스에 모였다. 대부분 첫 대면이었기 때문에 차례대로 자기소개를 하며 캠프에서 하고 싶은 것을 말했다.

이후에는 정원에서 물놀이를 하는 그룹과 실내에서 게임을 하는 그룹으로 나누어 자유시간을 가졌다. 난치병 아이들의 형제들도 참가하여 금세 서로 친해졌다.

저녁에는 모두 모여 카레를 먹었고, 해가 진 뒤에는 실내에서 열린 마술 쇼를 관람했다. 아이들은 무대 앞으로 바싹 다가가 "굉장하다!" "어떻게 한 거지?"라며 신기해했다.

어느덧 날이 저물고 텐트에서 보낼 시간이 되었다. 정원에는 아버지들과 아이들이 힘을 합쳐 세운 커다란 텐트가 있었다. 마치 몽골의 게르(Ger)와 비슷한 그 텐트에는 LED등이 무수히 달려 있었다.

텐트 안은 테이블과 캐릭터 쿠션, 장난감으로 꾸며져 있었다. 어린 꼬마들은 그것을 가지고 놀았고, 초등학생 아이들은 나란히 앉아 애니메이션을 보았다. 몸 상태가 좋지 않은 아이가 있는 가족은 단독 방이나 2층의 테라스에 소형 텐트를 설치해 오붓한 시간을 보냈다.

이날, 실내에 설치한 텐트에서 하룻밤을 보낸 참가자 중에 스미야 깃페이(角谷 希平)의 가족이 있었다. 소아암에 걸린 5살 남자아이였다. 3살 때 신장에 소아암의 일종인 신아종(윌름스 종양, Wilms' tumor)이 발견되어 투병을 계속해오다가 2016년부터 몸 상태가 안정되면 호스피스에 왔다. 2살 위의 형이 있었고, 아오기와 노는 것을 정말 좋아했다.

캠프에 참가한 것은 뇌까지 전이된 암을 제거하는 수술을 하고 반년이 지났을 때였다. 깃페이는 한창 투병하면서도 호스피스에 놀러 가고 싶다고 노래를 불렀고, 소원을 들어주기 위해 부모가 캠프를 신청했다. 깃페이는 형과 함께 캠프에 왔다. 이런 캠프를 처음 경험하는 깃페이 형제는 마치 동화 속 세계에 들어간 듯 들뜬 모습이었다.

아버지가 말한다.

"캠프는 깃페이뿐 아니라 큰아들에게도 귀중한 체험이었습니다. 어린이병동은 형제들의 출입이 불가능했기 때문에 큰아들은 동생을 만나지 못했어요. 그러면서 점차 사이도 벌어졌습니다. 하지만 캠프에 와서 온종일 마음껏 놀면서 그 틈이 메워졌지요. 다른 집 아이들과 만날 수 있었던 것도 큰 도움이 되었어요. 자신처럼 난치병 형제를 둔 아이들이 밝은 표정으로 놀고 있는 것을 보면서 마음이 편해졌던 것 같아요.

저희 부부도 마찬가지입니다. 다른 부모님들과 밤늦게까지 아이의 병이나 퇴원 후의 생활에 대해서 이야기를 나누었습니다. 이런 기회가 아니면 부모들끼리 속 깊은 대화를 할 수 없으니까요."

아오기의 말이다.

"여러 가족과 함께 하룻밤을 보내면서, 부모님들도 아이들도 단순한 행사 참가를 넘어선 경험을 하고 돌아가신 것 같습니다. 앞으로는 병세가 위중한 아이들도 신청할 수 있는데, 이 경우에는 캠프라기보다 개별적으로 숙박 신청을 받아서 각각의 가족이 원하는 시간을 마련하는 형식이 될 겁니다."

캠프는 남은 시간이 얼마 없는 아이들을 받아들인다는 호스피스의 운영 방침과 방향을 같이한 행사였다. 앞으로 정기적으로 열 수 있다면 호스피스의 활동 영역을 크게 넓힐 수 있을 것이었다.

친구로
다가가기

지금까지 호스피스 이용자의 대부분은 오사카 의료센터의 환자였다. 하지만 호스피스가 민간시설인 이상 다른 병원의 환자도 받아들여야 했다. 그러기 위해서는 이곳의 활동을 병원에 알리고 연계 기반을 만들어야 했다. 병원과 호스피스의 발걸음이 맞지 않으면 피해를 보는 건 환자와 가족이기 때문이다. 그래서 간호사 니시데와 이치카와가 중심이 되어 오사카 내에 있는 병원들을 적극적으로 방문했다.

한편, 대표이사 다카바는 오사카에 그치지 않고 일본 전국의 병원에 이곳을 알려야 한다고 생각했다. 다만 한 도시의 민간시설에 불과한 호스피스가 호소한다고 과연 얼마만큼의 성과를 거둘지 확신할 수 없었다. 따라서 호스피스 단독으로 움직일 것이 아니라 전국에 같은 뜻을 가진 의료인과 함께 행동하는 것이 중요했다.

다카바의 말이다.

"저희 같은 민간시설이 호소하는 것보다 이름 있는 의사가 목소리를 내는 편이 훨씬 영향력이 있습니다. 아무래도 의료계에서는 의사의 발언권이 강하기 때문이지요. 하지만 의사들은 본업만으로도 벅찬 상태예요. 앞에 나서서 발언하는 것을 주저하는 사람도 적지 않습니다. 또한 여기는 폐쇄적이고 모난 돌이 정 맞는다는 분위기가 있기 때문에 저희 쪽에서 먼저 같은 뜻을 지닌 의사들에게 연락해 목소리를 낼 수 있는 자리를 마련해야 합니다.

저희는 단순히 시설이 주목받는 것을 바라지 않습니다. 아픈 아이들이 구김살 없이 자랄 수 있는 사회를 만들고 싶어요. 이를 위해서는 명확한 목표를 가지고 홍보활동을 펼쳐나가야 합니다."

개관 3년 차가 되면서 호스피스의 목표는 보다 명확해졌지만, 한편으로 아이들을 만나면서 직원들은 같은 고민을 하기 시작했다. 자신들의 노력이 정말로 아이들의 희망에 부합하고 있는 것인가 하는 문제였다.

이치카와는 말한다.

"성인은 자기 생각을 말할 수 있지만 아이는 제대로 된 의사전달을 할 수가 없습니다. 그래서 저희는 아이들을 대할 때 그들의 내면을 상상하지 않으면 안 돼요. 물론 당시에는 '아이들이 이렇게 생각하고 있겠지' 하고 짐작하여 최선을 다해 돌봅니다.

하지만 시간이 지날수록 그때 그렇게 한 것은 잘한 일이었을까, 우리가 착각하고 있던 것이 아닐까 하는 고민에 빠졌어요. 이런 것들이 답답한 부분입니다."

또 아이들이 스스로의 감정을 제대로 이해하지 못하는 경우도 적지 않았다. 투병 중에는 특히 더 그랬다. 그러던 중 직원들은 한 아이와의 만남을 통해 이 문제를 해결할 실마리를 찾았다. 네기시 호노카(根岸 步乃果)라는 5살 여자아이였다.

호노카의 뇌종양이 발견된 것은 유치원에 들어가고 얼마 지나지 않았을 때였다. 오사카 의료센터에서 치료를 받고 있어서 자연스럽게 호스피스를 소개받았다. 호스피스에 온 호노카는 한눈에 봐도 가정교육을 잘 받고 자란 티가 나는 사랑스러운 아이였다. 또래에 비해 의젓한 성격으로 무엇이든 스스로 결정해서 하려고 했다. 휴대폰도 잘 다뤄서 방문 전에는 항상 무엇을 하고 싶은지 직원들에게 미리 메신저를 보내오기도 했다.

호노카는 좋고 싫음이 분명했다. 여느 여자아이들처럼 비눗방울 놀이를 좋아했지만, 벌레를 무척 싫어했다. 하지만 호기심이 왕성해 아오기가 정원 잔디밭에 있는 중베짱이나 귀뚜라미를 잡아다주면 뚫어지게 관찰했다.

이렇듯 호노카가 다른 난치병 아이들과 달랐던 점은 자신의 감정을 분명하게 표현한다는 것이었다. 가령 생일파티에서 기분이 어떠냐는 질문을 받은 아이들은 대개 막연하게 기쁘다고 대답한다. 그러나 호노카는 달랐다. 6살 생일 전날의 일이었다.

"4살 때도 5살 때도 힘들었으니까 6살이 되어도 힘들 거야. 그래서 6살이 되는 게 무서워."

이 말을 들은 직원들은 꼭 난치병 아이들의 심경을 들여다본 기분이 들었다. 아이들이 모두 자신의 생일을 기뻐한다고 생각했는데, 꼭 그렇지도 않았던 것이다.

하루는 또 이런 일이 있었다. 얼마 전부터 호노카는 영화관에 가는 걸 손꼽아 기다리고 있었는데, 당일 아침 심한 두통이 찾아왔다. 침대에서 잘 일어나지도 못하는 아이를 본 부모는 다음에 몸 상태가 좋아지면 가자며 일정을 취소했다. 호노카는 이것이 불만이었는지 나중에 직원에게 말했다.

"머리는 항상 아파. 그리고 쉰다고 바로 낫는 것도 아니잖아. 아파도 부모님이 영화관에 데리고 가주길 바랐어."

부모는 딸을 배려한 것이었지만, 호노카에게 몸 상태가 들쑥날쑥한 것은 일상이었다. 그러니 다소 무리를 해서라도 갈 수 있을 때 가고 싶은 것이었다. 니시데는 호노카의 말을 들으면서 중요한 것들을 많이 깨달았다.

"대부분의 아이는 어휘력이 부족해서 자기 생각을 말로 표현하는 것이 서툽니다. 하지만 호노카는 자신의 감정을 제대로 이해했어요. 자신이 어떻게 생각하는지, 어떻게 하고 싶은지를 분명하게 전달했습니다. 그래서 그 아이와 이야기를 하고 있으면 다른 아이들도 이렇게 해주길 원했겠구나 하는 것을 알 수 있었지요. 호노카의 요청에 귀를 기울이면서 다른 아이들의 생각도 알 수 있게 되었습니다."

그러던 어느 날, 호노카가 호스피스에 놀러 왔을 때의 일이다. 우울한 얼굴을 하고 있어서 왜 그런지 물어보니 이런 답이 돌아왔다.

"곧 병원에서 수술을 받는데 너무 무서워. 어떻게 하면 안 무서울까? 모두 함께 고민해줘."

아이 쪽에서 서슴없이 이런 부탁을 해오는 일은 별로 없었다. 그러나 직원들은 이 말을 듣고 다른 아이들도 지금까지 입 밖으로 꺼내지 못했을 뿐 같은 생각을 하고 있을지도 모를 거라는 생각이 들었다.

니시데는 직원들과 의논했다. 수술실까지 따라 들어갈 수도 없고 의사에게 부탁해 상황을 바꿀 수도 없는 상황에서, 호스피스는 아이에게 무엇을 해줄 수 있을까. 그러다 생각해낸 것이 호노카가 가장 좋아하는 그림책 『당신이 제일 좋아(あなたがだいすき)』(스즈키 마모루 지음, 포플러사)였다. 호노카는 이 그림책을 손에 들고 있는 것만으로도 마음이 놓인다고 말할 정도로 좋아해서 매일 밤 어머니에게 읽어달라고 했다.

이 그림책 속 대사에 어느 피아니스트가 멜로디를 붙여 노래를 만든 것이 있었는데, 니시데는 직원들이 이 노래를 부르는 모습을 영상에 담아 보내주기로 했다. 그러면 아이가 병실에 있더라도 격려해줄 수 있을 것 같았다. 각자 연습을 마친 직원들은 카메라 앞에 서서 호노카에게 보내는 메시지를 전달하고 노래를 불렀다. 가사는 다음과 같다.

> 저는 당신이 제일 좋아요.
>
> 세상에서 당신이 제일 소중해.
>
> 아침에도 점심에도 저녁에도 당신과 함께.
>
> 언제나 당신을 지켜줄게요.
>
> (중략)
>
> 슬플 때는 꼭 안아줄게요.
>
> 잠들지 못하는 밤에는 노래를 불러줄게요.
>
> 모두가 당신을 정말 좋아해요.
>
> 특별히 저는 당신이 제일 좋아요.
>
> 당신이 있는 것만으로도
>
> 당신이 있는 것만으로도
>
> 정말 정말 정말 기뻐요.
>
> ─『당신이 제일 좋아』 중 (작사 스즈키 마모루 · 작곡 네무린)

호노카는 병원에 입원한 후 이 동영상을 몇 번이고 반복해서 보았다. 분명 직원들이 지켜봐주는 듯한 기분이 들어 많은 용기를 얻었을 것이다.

니시데가 말한다.

"수술이 끝난 뒤에도 호노카는 병이나 죽음에 대해 자신이 생각하는 바를 숨김없이 말해주었습니다. 마치 난치병 아이들의 대변자같이 느껴졌어요. 예전에도 '병과 싸우는 건 힘들어. 하지만 치료가 잘 안 돼도 괜찮아. 엄마가 항상 내 편이라는 게 기쁘니까.'라고 말한 적이 있습니다.

이 말을 듣고 저는 깨달았습니다. 아이들이 혼자서 병마와 싸우고 있는 것처럼 보이지만 가족의 사랑을 느끼고 있고, 그를 통해 기쁨을 발견하기도 한다는 것을. 저희는 이러한 심리를 이해하며 아이들을 대해야 했습니다."

니시데는 호노카의 말을 통해서 다른 아이들의 마음속 소리에 귀를 기울인다면, 어린이 호스피스의 직원으로서 한층 더 성장할 수 있을 것 같았다. 니시데는 직원들과 논의 끝에 '호노카 어록'을 만들기로 했다. 인상에 남는 호노카의 말로는 다음과 같은 것들이 있었다.

- 나쁜 아이(암)가 또 나와버려서 병원 선생님이 빛(방사선)을 쏘아서 없애주실 거야.
- 엄마는 언제나 내가 아프지 않게 도와주셔. 내가 아프지 않은 것보다 엄마가 그렇게 신경 써주는 것이 기뻐.
- 힘내라는 말 듣고 싶지 않아. 안 그래도 꾹 참고 있는걸.
- MRI 검사는 안 좋아해. 그 나비(점적정맥주사에서 사용하는 날개 모양 바늘) 같은 게 싫으니까.
- 내가 죽으면 엄마는 괴롭잖아. 그렇게 만들고 싶지 않아.

－ 아빠가 건강을 회복하면 호스피스에 가자고 했지만 나는
  몸이 안 좋아도 가고 싶어.

이런 말 한마디 한마디가 아이들에 대한 직원들의 통찰력을
키울 것이다. 그리고 이것은 곧 많은 난치병 아이들을 지원하는
것으로 이어질 것이다.

니시데는 이어 말한다.

"이제야 비로소 호스피스가 첫 목표로 삼았던 '친구로 다가간
다'라는 말의 의미를 조금 알게 되었습니다. 특히 호노카의 말을
들으면서 훨씬 깊이 이해할 수 있었어요.

저희는 곁에 있는 것만으로도 아이와 가족에게 힘이 되는 존
재가 되고 싶습니다. 이곳에 오면 안심할 수 있고, 그들이 '이 사
람들과 함께한다면 어떻게든 될 거야.'라고 신뢰할 수 있는 그런
존재 말입니다. 직원 한 사람 한 사람이 그런 존재가 된다면, 이
곳은 사회에 없어서는 안 될 곳이 될 거라 믿고 있습니다."

하라가 생각하는 호스피스의 지향점은 무엇일까.

"일본에 생긴 첫 민간 어린이 호스피스이기 때문에, 직원들
에게는 모든 게 처음이었을 겁니다. 아이의 죽음이란 어떤 것인
지, 유족은 어떤 마음인지, 곁에 다가간다는 것은 어떤 의미인
지……. 저는 40년 가까이 의사로 지냈기 때문에 이러한 일들
을 어느 정도 경험했습니다. 하지만 호스피스의 직원들은 의사
와는 또 다른 입장에서 이용자들과 관계를 맺고 있어요. 직원들

각자가 스스로 경험을 쌓으면서 성장해갈 수밖에 없습니다. 그래서 저는 끼어들지 않고 그들이 성장하는 모습을 지켜보고자 했습니다.

모두가 시행착오를 겪으면서 여기까지 왔고, 이곳은 점점 그 토대가 완성되고 있습니다. 앞으로 일본의 의료현장은 더욱더 환자의 QOL에 초점이 맞춰질 것입니다. 이곳과 비슷한 호스피스를 만들려고 하는 움직임도 전국적으로 일어나고 있습니다. 머지않아 쓰루미 어린이 호스피스가 아이들과 가족들을 지원하기 위해 함양해온 것들이 이 사회에 큰 도움이 될 것입니다."

하라의 목표는 호스피스 시설 하나를 완성하는 게 아니었다. 일본의 소아의료 현실을 바꾸는 것이었다.

대표이사 다카바도 같은 생각이었다.

"일본 전국에 위중한 난치병 아이가 2만 명 정도 있습니다. 이 아이들을 모두 지원하려면 저희끼리 아무리 노력해봤자 한계가 있습니다. 이 나라에 어린이 호스피스가 늘어나야 의료체제도 바뀝니다. 그러려면 호스피스가 겪은 실패부터 성공까지, 남김없이 사람들과 나누어야 합니다."

여기서 행해지는 것이 모두 정답일 수는 없다. 때론 이곳에서도 아이들이 외로움을 느끼고, 가족들이 당황하는 일이 생길 것이다. 직원들이 무력감에 빠지기도 할 것이다. 그러나 그 하나하나가 모여 미래를 비출 이정표가 될 것이다. 수십 년 후 이곳을 이용한 아이들이 남긴 말, 가족들이 품은 생각, 직원들의 고뇌와 노력이 모두 역사의 한 페이지로 기록될 것이다. 이를 위한 쓰루미 어린이 호스피스의 발걸음은 이제 시작되었다.

나오며

·

비극이 아닌 성장의 거름으로

"오랜만입니다."

호스피스 개관 3년째를 맞이한 봄이었다. 휴일 정오가 조금 지난 시간, 약속 장소인 우메다역의 호텔 레스토랑에 사키가 지팡이를 짚고 왼쪽 다리를 끌면서 걸어왔다. 어머니인 교코와 함께였다. 사키는 나를 보고 수줍은 듯한 미소를 지었다.

처음 만났을 때 사키는 헐렁한 중학교 교복을 입고 더듬거리는 말투로 "공부가 좋아." "학교에 점점 적응해가고 있어."라고 했다. 오랜 투병 생활로 뒤처진 학업을 만회하려고 매달 호스피스에서 공부하던 아이가 이 봄, 중학교를 졸업하고 고등학생이 되었다고 했다.

잠시 후 식사를 하면서 사키에게 근황을 물었다.

"올봄부터 집에서 전철로 한 번에 갈 수 있는 통신제 고등학교에 다니고 있어요. 제 상황에 맞게 3년에서 5년에 걸쳐 졸업

할 수 있는 학교입니다."

사키는 중학교 때 열심히 공부한 덕분에 수업을 따라갈 수 있을 정도가 되었다. 그러나 후유증 때문에 계속 병원에 가서 검사와 치료를 받아야 했고, 이로 인해 중학교 3학년 진로 상담 때 두 가지 선택지 중 하나를 골라야 했다. 하나는 집에서 버스로 한 번에 갈 수 있는 사립고등학교였고, 두 번째가 장애인을 위한 특별지원 학교였다. 그러나 전자는 장애가 없는 학생들을 대상으로 한 교육 과정이라 체력이 따라줄지 불안했고, 후자는 자신이 지향하는 바에서 벗어난다는 느낌이 들었다.

그러던 중, 오사카 의료센터에서 만난 5살 위 학생으로부터 통신제 고등학교를 소개받았다. 그 학생은 중학생 때 치료를 받고 완치된 후 전일제 고등학교로 진학했으나 체력이 약해 통신제 고등학교로 편입했다. 통신제 학교에서는 몸 상태에 따라 편한 시간에 수업을 받을 수 있어 무리 없이 졸업할 수 있었다. 이를 들은 사키는 교장이 장애인 지원에 힘을 쏟고 있는 지금의 학교를 선택했다.

사키는 말한다.

"학교는 장애가 있는 학생을 위해 여러 가지로 배려해요. 각자 상황에 맞게 시간표를 짤 수 있을 뿐 아니라 온라인 수업도 받을 수 있습니다. 입원해 있어도 병실에서 학점을 딸 수 있고요. 지금은 출퇴근 시간을 피해 오전 10시에 등교해서 오후 3시에 하교하고 있습니다. 장애인 스포츠도 활발하게 운영되고 있어서 패럴림픽 공식 종목인 보치아(Boccia)를 배우고 있어요. 이것 말고도 장애인을 대상으로 하는 대회가 더 있어서 무척 기대하고 있습니다."

나는 이야기를 들으면서 사키를 처음 만났을 때 이 아이가 간호사와 같은 의료계 일을 하고 싶다고 했던 것이 떠올랐다. 지금은 어떤 꿈을 품고 있을지 궁금했다.

"지금은 병동 보육교사를 목표로 하고 있어요. 야마지 리에 선생님이 하시는 일 같은 거예요."

뇌종양 수술의 후유증으로 왼쪽 손에 마비가 남은 사키는 간호사가 되기 어려울 수도 있겠다고 생각했다. 그러던 어느 날, 다리 수술을 위해 입원했을 때 병동 보육교사가 아이들과 즐겁게 놀고 있는 것을 보게 되었다.

이를 계기로 이 꿈을 가지게 되었다. 보육교사라면 한쪽 손이 불편해도 그다지 문제가 되지 않을 것이고, 또 투병 경험을 바탕으로 아이들에게 도움을 줄 수도 있었다. 게다가 통신제 고등학교를 소개해준 학생이 전문학교에 들어가 보육교사가 되려고 하는 것도 큰 영향을 미쳤다.

사키는 이어 말한다.

"쓰루미 호스피스에도 보육교사 면허를 갖고 있는 분이 계셔서 가르침을 받을 수 있습니다. 그곳을 이용하는 아이들과 교류하면서 연습도 해볼 수 있고요."

사키에게 호스피스는 이제 단순히 버티는 것을 넘어 꿈을 이

룰 수 있는 장소가 되어가고 있었다. 곁에서 듣고 있던 어머니 교코가 차분한 어조로 말했다.

"엄마인 제가 봐도 딸이 정말 강하다고 느꼈습니다. 3살부터 병과 싸우고 있으면서도 자신의 의지로 앞만 보며 해내려고 하니까요. 저는 이번 4월부터 호스피스의 방 하나를 빌려 한 달에 한 번 난치병 아이의 부모들이 교류하는 모임을 열기로 했습니다. 저는 소극적인 성격이지만 사키를 본받아 할 수 있는 것을 해나가려고 마음먹었어요. 어쩌면 저뿐 아니라 다른 부모들도 병에 걸린 아이에게 많은 것을 배우고 있을지도 모릅니다."

사키는 그 말을 듣고 말했다.

"그리고 환자끼리 서로 도우며 성장하기도 해. 병동에서 정말 많은 사람을 만났어."

"그래. 스즈 군 같은 사람을 만나면서 큰 영향을 받았지."

사키는 스즈노스케의 이름을 듣자 무언가 생각난 듯이 나를 보며 말했다.

"그러고 보니 얼마 전에 간 곳에 스즈 군의 기사를 스크랩한 것이 있었어요. 스즈 군을 아는 사람이 모아놓은 건데, 난치병 고등학생을 위한 학습 지원을 해달라고 시장에게 요청한 것이 정말 대단하다고 하더군요. 그 사람이 얼마나 중요한 일을 했는지 새삼 느낍니다. 저도 그렇게 살고 싶어요."

이들은 십수 년의 투병 생활을 비극이 아니라 성장의 거름으로 삼고 있었다. 만남, 이별, 슬픔, 아픔…… 이것들을 인생에서 의미 있는 것으로 바꾸고, 사회에도 도움이 되고자 했다. 이것이 두 사람이 지향하는 삶의 방식이었다.

나는 호스피스에서 들었던 '깊게 사는 것'의 의미를 떠올리지 않을 수 없었다. 사키는 확실히 이렇게 살고 있었다. 더 나아가 다른 사람에게도 이 태도를 전해주려 하고 있었다. 이것이야말로 쓰루미 어린이 호스피스에 참여한 모든 사람이 바라는 미래였다.

© Tsurumi Chirdren's hospice

· 쓰루미 어린이 호스피스가 세워지기까지 ·

1998년 ·· 세계보건기구(WHO), 「소아암 통증 완화를 위한 가이드라인」 발표.
하라 준이치, 소아 완화의료에 관해 공부하는 다직종 모임 발족.
도쿄 소아의료 관계자, 전인치료(Total care)에 관한 연구모임 발족.

2006년 ·· 정부, '암 대책 기본법' 발의.

2007년 ·· 정부, 암 대책 기본법을 바탕으로 한 '제1기 암 대책 추진 기본 계획'
발표했으나, 아직 성인 암에 관한 지원만 포함.

2009년 ·· 세계 최초 어린이 호스피스인 영국의 '헬렌 하우스' 창립자 프랜시스
수녀 일본 방문. 교류 세미나 개최.
다타라 료헤이, 오사카 시립 종합의료센터에 일본 최초로 어린이 전
문 완화의료팀 결성.

2010년 ·· 7월 의료진, 보호자, 교육자, 기업 대표 등이 모여 봉사 단체 발족.
일명 '어린이 호스피스 프로젝트' 선언. 12월 사단법인으로 등록.
난치병 아이들을 위한 행사 개최, 학습 지원, 자택 및 병원 방문 지원.

2012년 ·· 정부, '제2기 암 대책 추진 기본 계획' 발표. 소아암 지원 포함.
오사카 시립 종합의료센터, 소아암 거점 병원으로 지정.
9월 동 센터에 일본 최초로 어린이 전용 완화의료 병실 개관.

2015년 ·· 12월 오사카시 쓰루미 녹지공원의 토지 활용 사업에 선정.
여러 재단의 지원으로 준공 시작.

2016년 ·· 4월 일본 최초의 민간시설 '쓰루미 어린이 호스피스' 개관.

어린이 호스피스의 기적

1판 1쇄 찍음 2021년 10월 25일
1판 1쇄 펴냄 2021년 11월 5일

지은이 이시이 고타
옮긴이 정민욱

주간 김현숙 | **편집** 김주희, 이나연
디자인 이현정, 전미혜
영업 백국현, 정강석 | **관리** 오유나

펴낸곳 궁리출판 | **펴낸이** 이갑수

등록 1999년 3월 29일 제300-2004-162호
주소 10881 경기도 파주시 회동길 325-12
전화 031-955-9818 | **팩스** 031-955-9848
홈페이지 www.kungree.com | **전자우편** kungree@kungree.com
페이스북 /kungreepress | **트위터** @kungreepress
인스타그램 /kungree_press

ⓒ 궁리출판, 2021.

ISBN 978-89-5820-743-6 03330